記憶台灣 2

胡川安

從國族政治、人文地景，
見證成就台灣歷史的每一步

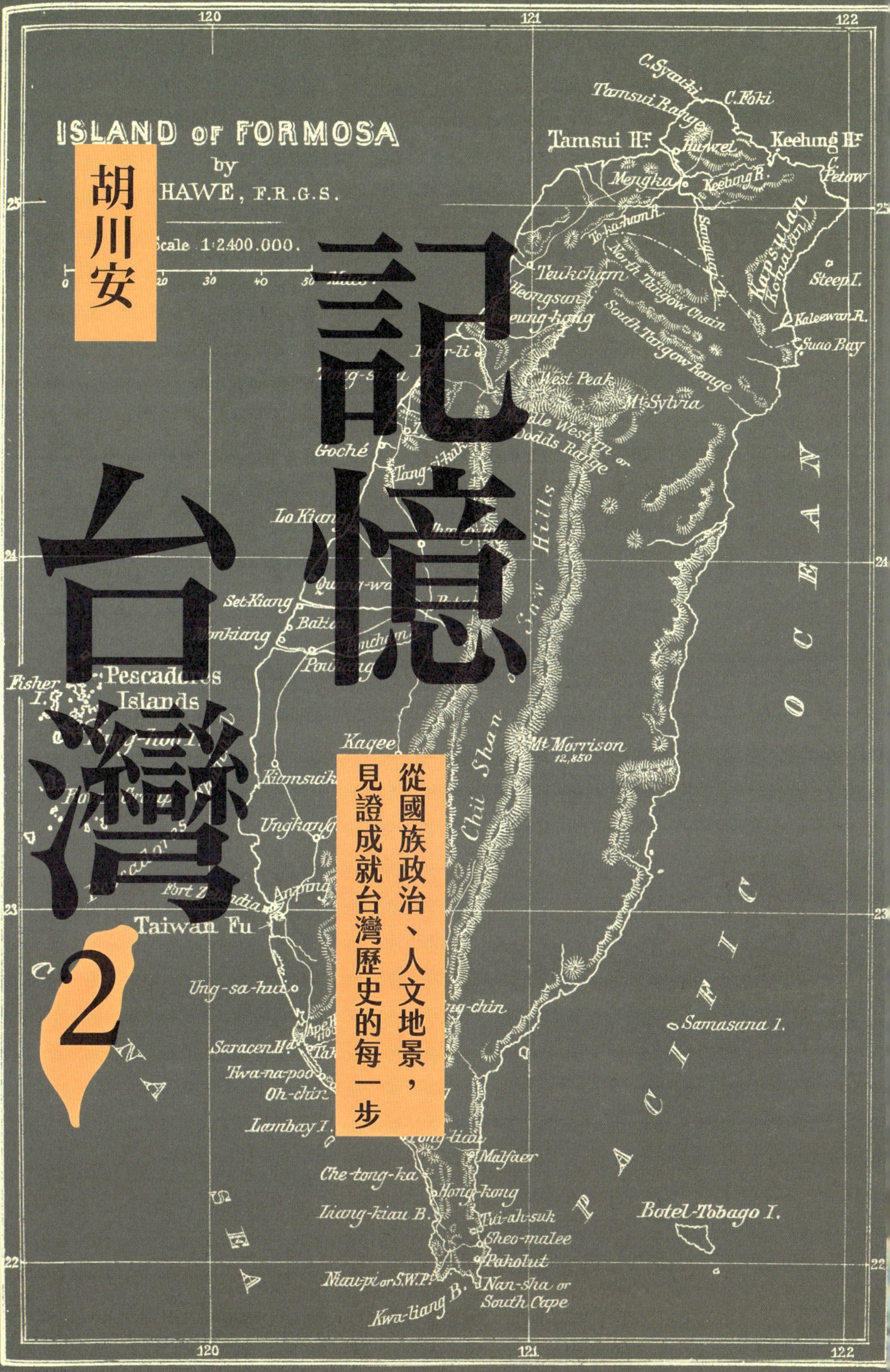

目次

輯二　空間與紀念館的台灣記憶

輯三　地景的台灣記憶

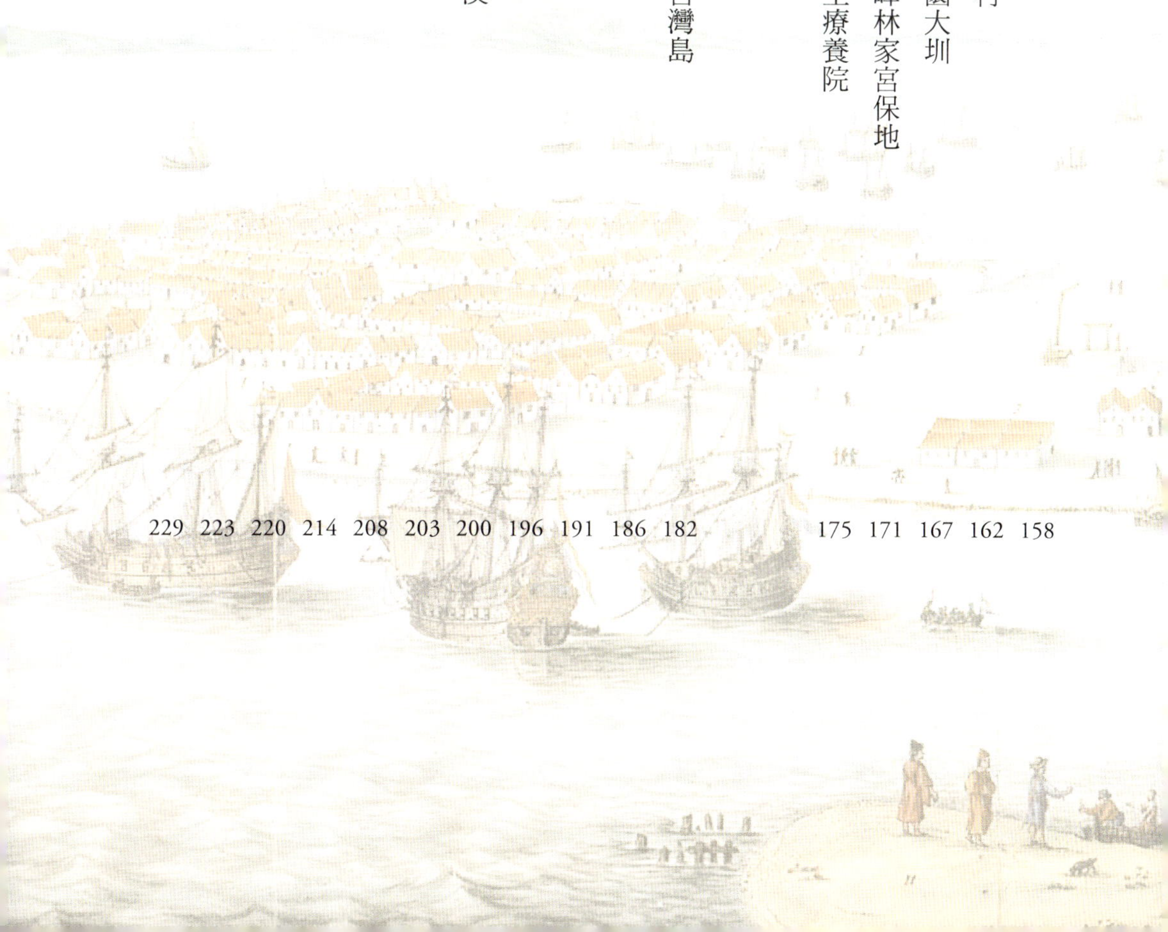

導讀
我們如何記憶台灣

「被遺忘才是真正的死亡。」

迪士尼電影《可可夜總會》裡面對於墨西哥人而言，死亡是生命的一個過程，靈魂死後會回到可可夜總會，構成一個完整的生命週期，但如果在人間沒有活人記得的時候，靈魂就會從夜總會徹底的消失，真正的死亡了！

記憶是主動的，遺忘則被動的。

過去發生了無數的事情，像水流一般流逝，我們可以選擇記住一些事情，但無法選擇要忘記什麼，所以人類建造了紀念性建築來讓記憶可以更長，為政權、為宗教、為自己獨特的認同，讓記憶可以跨越更長的時間。

一九〇三年，奧地利史學家 Alois Riegl 在《紀念碑的現代崇拜：它的性質和起源》提到，紀念性的建築不只存在於明確意圖的紀念建築中，也包含一開始沒有意圖成為紀念物，隨著時代和社會的變化，賦予了紀念性的價值，而存在我們的記憶中。

除了紀念性的建築，我們共同經歷過的生活讓我們有共同的回憶，一首傳唱的金曲，或是一首被禁的歌，或是一起參與的宗教儀式、一起享用的食物、一起接受過的教育和一段獨裁政權統治下的生活。

記憶是人與有形和無形事物接觸的過程，聯合國每年都登錄世界遺產的申請，一個是有形的物質文化遺產；一則是非物質的，文化不只附著在物質上，也在看不見，但我們都感受得到的飲食文化、宗教、藝術、建築、空間和文學之上。

二〇一三年六月，聯合國教科文組織（UNESCO）世界遺產委員會將富士山列為世界文化遺產的名單之一，為日本的第十七項世界遺產。如果要找出日本文化的最佳象徵，富士山無疑是最好的一個。富士山不僅是一座山、一座美麗的山、也是朝拜的聖地、信仰的中心、文化的原鄉、藝術家與作家的靈感泉源。聯合國教科文組織就是將富士山記錄為「信仰的對象和藝術的泉源」。一座山是各種記憶的核心。

聯合國教科文組織在同年也正式將「和食」納入世界非物質文化遺產名錄，因其強調食材多樣化與新鮮，重視食材特有的味道，又能表現自然之美和四季感，食物和飲食文化背後的非物質意涵也是記憶所繫之物。同理，我們從小吃的辦桌、小吃、泡麵、端午節的粽子和中秋節的月餅都是我們記憶所繫的食物。

從人類學的角度來看，最早的牟斯（Marcel Mauss）已經提出「禮物經濟」的概念，傳統社會透過物品維繫情感，同時在交換的過程，也穩定了社會地位，非功利性和錢財的物品，能夠作為累積社會的象徵資本。一個物品、空間、紀念碑、紀念館、地景，在社會中遞或是對待的方式，還有「情感與記憶的投射」。

一個群體共享、傳承或者一起做的事情或物品構成集體記憶，一個社會中有多少不同的團體與制度，就會有相應的集體記憶；而且無論是階級、家庭、協會、宗教、團體、軍隊以及工會，都擁有由各自團體成員所建構而成的獨特記憶。保羅．康納頓的《社會如何記憶》，認為人類的身體就是記憶的保留和繁衍這種集體過程所進行的地方，而皮埃爾．諾哈研究地方與空間（lieux de memoire，又譯為記憶的場所）的《記憶所繫之處》，他指出：

一個「記憶的場所」是任何重要的東西，不論它是物質或非物質的，由於人們的意願或者時代的洗禮（英譯為the work of time）而變成一個群體的記憶遺產中標誌性的元素（這裡所指的是法國社會）。

台灣社會開始討論「集體記憶」的概念，在一九九〇年代之後，以往在媒體上很少看到，學術界討論的也不多。由於國民黨長期的一黨獨大，加上軍事戒嚴的執行，社會在高壓統治下，從政治、教育和文化都只能有一種官方強制的記憶形態，透過各種社會系統形塑出一種文化霸權，用來壓抑各種不同團體的聲音。

以前上地理課的時候，老師指著黑板上的地圖說我國就像：「秋海棠」，而且我國的疆界最東到烏蘇里江與黑龍江交界口，最西到帕米爾高原的噴赤河，最南在曾母暗沙，最北到薩彥嶺，現在感覺很荒謬，但那個時代我們每個人的記憶和認知裡都將之視為是無可置疑的一部分，而且決定了成績的高低和未來的出路，荒謬的記憶構成了我們教育的一部分。

二二八的紀念碑成為人們對於過去大屠殺的記憶所繫之處，綠島監獄的白色恐怖紀念園區本來都沒有刻意讓人回想過去獨裁與戕害人權的歷史，但民主化之後，提醒後世過去踐踏人性尊嚴，摧毀自由價值的錯誤，才能理解台灣民主化的過程。

一九八〇年代初期的各種被壓制的記憶，透過社會運動，加上一九八七年解除戒嚴等，擁有不同聲音的人嘗試將塵封的記憶解鎖，讓過往霸權的單一記憶打開，也回顧了我們過往的歷史。

這兩本書嘗試用記憶的角度思考台灣的歷史和文化，第一本從生活文化、宗教信仰和教育休閒理解我們記憶的構成，從物品、生活文化、空間與紀念館，具體的思考我們記憶的形成。第二本書從國族、政治、人文和地景，在物品、空間、自然與人文的地景看島嶼不同族群與土地間交雜出來的記憶。一本從日常生活，從下而上；一本從政治和複雜的國族認同，從上而下，思考我們記憶構成的複雜多樣性。

《記憶台灣2：從國族政治、人文地景，見證成就台灣歷史的每一步》

輯一主要從政治形塑的記憶來看我們的生活，政治無所不在，而且台灣的歷史就是不同政權的嬗遞，從一件一件物品來看，就會知道我們經歷的歷史，一張選票、一面藍地黃虎旗、一座紀念碑都講著我們因為政權、統治者的不同而轉換的記憶。

輯二則從空間和紀念館來理解台灣，從文字、文學、水域、宗教、交通、醫療、飲食和政治的空間記憶，有最高權力象徵的總統府，也有我們每次出國的桃園機場，還有我們使用的漢字記憶。一座史前博物館和故宮博物院，分別說出了台灣這座島嶼不同記憶的競爭，而綠島監獄與樂生療養院，都是監禁的記憶，一是政治、一是醫療，監禁的記憶讓我們沒有自由，限縮我們的世界。從不同的地點和空間，拉出來的是我們島嶼複雜的記憶體系和文化，因為不同政權的統治，讓記憶在不同空間都說出不同的故事。

輯三從地景來理解不同的記憶層次，地景可以是一個城市，像我們的古都台南，或是台灣最高山玉山，還是宜蘭人的鄉愁——龜山島，也可以是台北市居民往北看去的陽明山，或是一條跟我們生活息息相關的濁水溪，還是以前惡臭髒亂、現在整治的相當完善的愛河。地景可以改變，以往我們對於戰地馬祖的記憶，逐漸轉變成希臘地中海的場景，記憶會隨著社會環境而改變，也逐漸變成我們現在的樣子。

我嘗試透過九十九個物品、空間、紀念碑、場域、地景來說明台灣記憶的複雜性，透過現在書寫過去，透過生活理解歷史、透過有形且無形的資產、透過自然和人文的地景說明台灣的記憶紛雜，不同族群、宗教、階級、意識形態和文化團體都讓我們的記憶拼盤多元、豐富且相互競爭，沒有人的記憶是百分之百正確的，也沒有誰能壓制他人的記憶，我提供一個多元的組合，讓大家在其中都能看到他人的記憶，也能看到自身的。

為什麼寫了九十九個？因為記憶永遠不完整，永遠沒有百分之一百，還有些缺環、有些空白，需要我們去填補、去創造、去探索，才能慢慢的接近，然後思考歷史的面貌。

輯一

物件及紀念碑中的台灣記憶

無名英雄的記憶：半導體

「台灣是無名英雄，是世界的棟梁。我們共同推動了行業的復興。」出身台灣的NVIDIA執行長黃仁勳二〇二四年六月二日在台灣大學體育館演講，說了這句話，一開始的投影片就秀出了一張台灣地圖，周圍滿滿NVIDIA供應鏈——台灣四十三家大科技廠名、十七所合作的大學名。

台灣人因為黃仁勳感到光榮，他除了加強公司與台灣的合作，還帶著台灣積體電路公司的創辦人張忠謀和很多位電子公司的老闆逛寧夏夜市，向世界行銷台灣的科技和飲食文化。

現在全世界都需要台灣的晶片，我們現在食、衣、住、行、育、樂，每一個部分都需要半導體。體積比紙張還薄的矽半導體（silicon semiconductor），現在台灣製成的晶片（芯片chip）世界聞名。晶片是當代人類生活使用任何工具必需的核心技術，牽涉到我們生活當中的每一個面向，也是這個世紀所有科技的核心，而台灣製造了超過一半以上的晶片。

台灣本來跟電子工業一點關係都沒有，早期台灣是農業社會，外國企業在加工出口區提供廉價的勞動。六〇年代開始美國的廠商將電晶體的製造和在半導體製造流程的下游封裝接段轉移到台灣，用台灣的廉價勞力換取在全球市場的競爭力。這時期的發展雖然是外國人主導，但也培植了一些台灣的企業，像是：華泰、萬邦、寰宇。

一九七〇年代末期，一群台灣最優秀的工程師組成了一個新的研究基地：「工業技術研究院」，一開始的成員史欽泰博士，他在普林斯頓大學取得博士，後來在雷明頓蘭德公司（Burroughs Corporation）設計記憶晶片。當時台灣因為遇到政治和外交上的危機，又遇到石油危機，國家決定投入積體電路的產業，史欽泰博士也回到了台灣。

當時行政院長孫運璿主導，將美國RCA的製程技術，還有IMR的光罩技術，由國家主導相關的政策，授權給台灣的相關技術，讓台灣的工程師得以發展，產量比原來的RCA還好，而且更加低廉。政府後來提供了資金，先給了聯華電子，後來在一九八七年，投資了後來世界最大的晶片代工廠台積電，並且聘請了張忠謀。

張忠謀當時選擇了一條路，幫美國和日本的科技大廠製造晶片，而不是自己設計晶片，「晶圓代工模式」改變了整個半導體的產業格局。而且當時矽谷的新創公司，像是：蘋果、超微、高通、英偉達需要晶片製造廠商。製造晶片的過程相當複雜，每個晶圓上蝕刻出微小的電路，一個單一的晶圓有可能包含數百個微處理器和數十億條電路，越小的晶片，但如果能處理更大的運算，就會在科技主宰的世界領先。台積電領先全世界，在單個微處理器上蝕刻出一千億條電路。

從一九八〇年新竹科學園區設立開始，相關的公司和大量的研究人員，本國和外國的投資都讓台灣的半導體產業從外來到本土，而且成為世界不可撼動的「矽盾」。台灣人努力工作，而且發揮創意，從勞力密集轉變為資本密集的高科技產業，也成為台灣人驕傲的記憶。

關鍵詞

工業技術研究院

簡稱工研院，成立於一九七三年，由時任經濟部長孫運璿推動聯合工業研究所、聯合礦業研究所、金屬工業研究所合併成立工業技術研究院，並給予工研院以先進工業技術推動台灣工業發展和經濟起飛的目標。一九七七年，工研院建立台灣首座四吋晶圓的積體電路示範工廠，並自一九八〇年起，陸續衍生了包括聯電、台積電、台灣光罩、世界先進等半導體大廠，奠定了台灣ＩＣ產業的穩固基礎。

石油危機

石油危機指的是因中東地區戰事連年，導致石油價格飆升，進一步促使歐美地區的經濟陷入危機。第一次石油危機發生於一九七三年，以色列在「贖罪日戰爭」擊敗敘利亞、埃及聯軍，於是OPEC（石油輸出國組織）以石油禁運作為報復；第二次石油危機發生於一九七九年，伊朗與伊拉克的兩伊戰爭影響石油產出，使得原油價格再度攀升；第三次石油危機則是因海灣戰爭，伊拉克併吞科威特，而被美國率領聯軍擊敗，使得石油價格再度上漲。

❶ 張忠謀。（圖片來源：總統府）

❷ 台積電廠房。

投票的記憶：一張選票的重量

台灣現在是全球新興的民主國家，我們現在可以直選總統，而且選出代表我們民意的政治人物，為人民服務，就是透過一張張的選票，彰顯我們的意志。選舉是人民藉由手中的一票，參與並且影響政治，就是民主政治的基石。

台灣第一場選舉開辦在一九三五年，台灣總督府實施「台灣地方自治改正案」，將街庄協議會、市會部分開放民選，現在我們常看到的沿街拜票、拉票、政見發表會、印製傳單都已經在此時出現。但當時選舉人有性別和財產的限制，選出的代表又沒有實質的權力，不是實質的民主。

戰後的選舉權的限制開放，一九四六年前展開各級民意代表的選舉，不分性別，年滿二十歲以上，完成公民宣誓即可取得投票權。根據統計當時有兩百三十九萬人完成公民宣誓，占二十歲以上的人口約百分之九十一。

戰後國民黨政府來台，為了彰顯自己的「民主自由」，相對於對岸的「專制極權」，但全面開放選舉會危及中央的統治權力，有限度的進行地方選舉，縣市長與省議員以下的選舉，這兩種選舉成為中國國民黨與黨外勢力競逐的場合。

但一九四九年所宣布的戒嚴令，以國家處於緊急內戰為理由，限縮憲法的正常效力，對於國家元首和中央民意代表的選舉方式受到扭曲，也形成國民黨一黨獨大的局面。

按照中華民國憲法，最高民意機關是國民大會，一九四八年在中國所選出來的國民大會代表隨著中華民國政府來台，國民黨當局認為他們是合法代表，但因為中國選區無法選舉，繼續行使職權，被民間戲稱為「萬年國會」。

戒嚴時期的選舉，中國國民黨往往獲得壓倒性的勝利，如此的選舉和正常民主國家多黨競爭的政黨政治不同，難以反映真正的民意。當時稱非國民黨籍獲選的政治人物為「黨外」，一九六〇年代在台灣省議會有所謂的「五龍一鳳」，即郭雨新、李萬居、郭國基、吳三連、李源棧、許世賢等人。

一九七〇年代隨著經濟好轉，人民的知識程度較高，「黨外」泛指尚未成立政黨前相對於國民黨的反對勢力，透過組織和運動的方式對抗國民黨，當時重要的政治人物像是：黃信介、康寧祥。

一九七七年的「中壢事件」和一九七九年的「美麗島事件」是台灣投票記憶的重要關鍵點，讓民眾逐漸覺醒，知道一黨獨大的弊病，隨著反對的勢力越來越大，國民黨政府深怕被人民推翻，開始了選舉的公平化和民主化的過程，蔣經國總統在壓力下，宣布在一九八七年廢除了從一九四九年開始的「戒嚴令」，一九九一年李登輝總統則結束了「動員戡亂時期條款」，邁向憲政的常軌。

透過從一九九一年到二〇〇五年的七次修憲，台灣成為國會全面改選及總統、直轄市長全面選舉的國家，而且在西元二〇〇〇年的總統選舉，由民主進步黨的候選人陳水扁當選總統，完成了第一次的政黨輪替，後來二〇〇八、二〇一六年二度、三度政黨輪替，都沒有發生流血革命，這在世界的政治史上相當少見，也象徵台灣往正常的民主國家邁進。

台灣人民在每次的投票前都非常激情，但投票後又能尊重新的民意，回到日常生活，在每次的民主投票中，我們投出理想中的候選人，檢視他的政治生涯，然後再一次再用新的民意贊同或是否決他，民主的記憶，就是自己決定、投下手上一張張票的記憶。

關鍵詞

中壢事件

一九七七年台灣統一五項地方公職選舉時，中國國民黨提名歐憲瑜參選桃園縣長，台灣省議員許信良未獲國民黨提名而自行參選，遭中國國民黨開除黨籍；選舉當天民眾不滿國民黨疑似發生舞弊嫌疑，因而包圍警局爆發激烈衝突，其後，桃園縣投票所重新開票，許信良以高票當選桃園縣縣長，史稱「中壢事件」。這也是台灣第一次的街頭群眾運動，亦是爾後台灣人爭取民主化的重要動能及分水嶺。

美麗島事件

又稱「美麗島事件黃信介等案」，一九七九年十二月十日，《美麗島》雜誌社在高雄舉行世界人權紀念日大會，未獲批准，但全台黨外人士仍照計畫至高雄參加紀念活動。此時鎮暴部隊也開始在周邊部署，原本演講正平和地進行，但鎮暴部隊逼近後，鎮暴車噴出不明煙霧，引起群眾騷動不安，於是引發第一波衝突；而後美麗島人士引導群眾陸續回到服務處，企圖以演講和歌唱安撫群眾，但鎮暴部隊再度逼近，並施放催淚瓦斯，甚至將鎮暴車開進人群，最終雙方展開激烈衝突，直到半夜才逐漸結束。

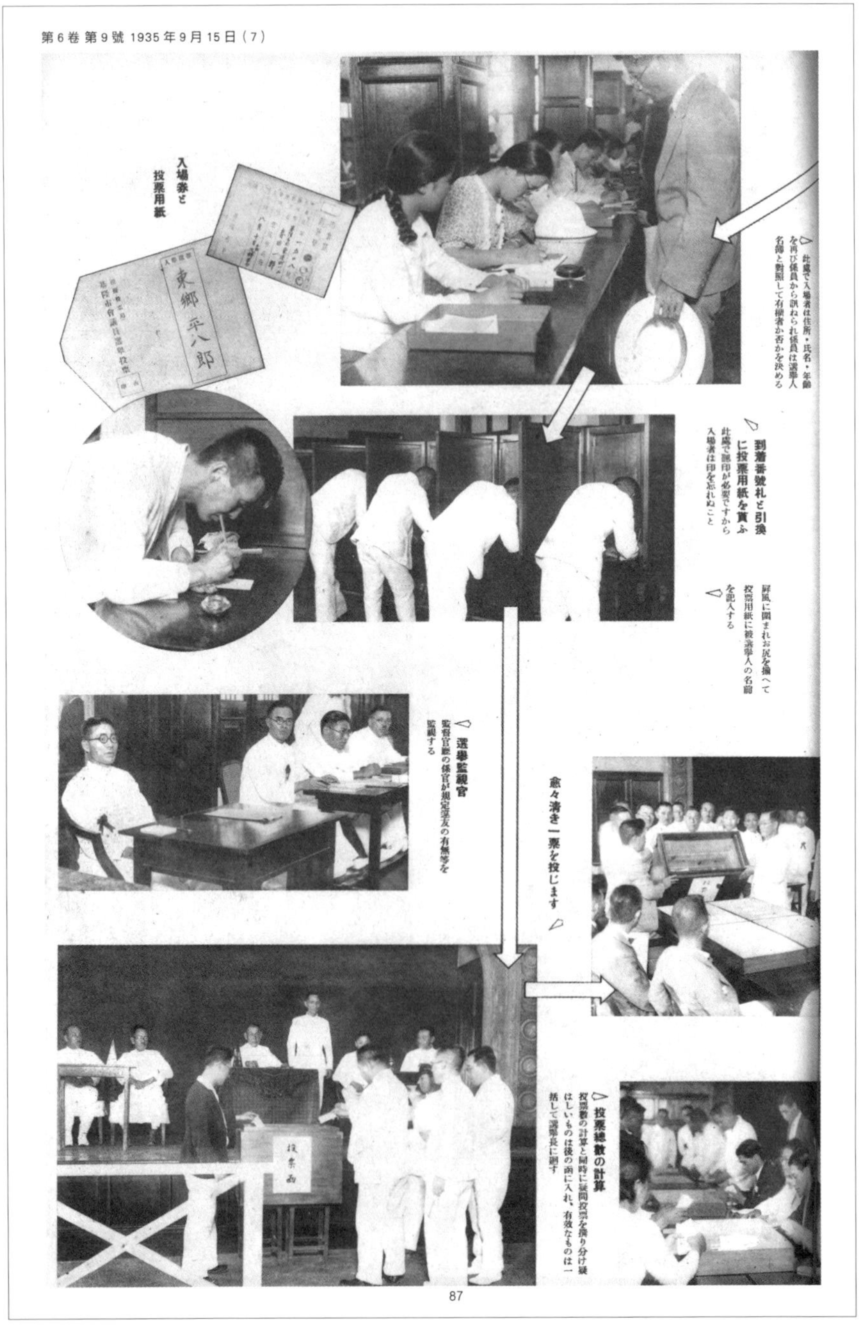

早期投票流程。（圖片來源：國立台灣歷史博物館）

美麗島事件剪影。（圖片來源：國史館）

《玉山積雪》與陳澄波的最後記憶

畫家陳澄波的《玉山積雪》是一九四七年二月完成的油畫作品，描繪玉山的風貌，也是陳澄波生前的最後一幅作品。畫面的景觀是從陳澄波嘉義市蘭井街故居遠望玉山群峰的積雪景觀。

玉山一直是畫家陳澄波的重要靈感來源，這幅畫與一九二七年的《玉山遠眺》構圖相似，但色調較為沉重，色彩較為含蓄且多變化，沒有了寫實的敘述性，有較多詩意的表現。

作品完成之後，陳澄波將作品送給嘉義市參議員柯麟，但兩人在二二八事件之後作為代表，前往水上機場向軍隊溝通，後來三月二十五日被槍殺於嘉義火車站前。陳澄波夫人張捷因為《玉山積雪》為陳澄波的最後遺作，覺得應該好好保存，用其他的作品跟柯麟的遺族交換。

為什麼陳澄波會被槍殺在嘉義火車站前呢？

陳澄波在一八九五年出生於嘉義，就是這一年，台灣由清廷統治改由日本人統治。父親是秀才，教人漢文，但母親在生下他不久之後就離世了。小時候陳澄波由祖母帶大，十三歲的時候才進入當時的小學——嘉義公學校就讀，學習路上較晚起步，但沒有影響他的課業表現，在十八歲的時候考上了台灣總督府國語學校師範科，那是當時台灣菁英匯集的學校。

在台北讀書的陳澄波，遇到當時的水彩畫家石川欽一郎，讓他在繪畫上奠定了基礎。由於生計的需求，畢業之後先回到家鄉教書，並且和妻子張捷結婚。但陳澄波對於繪畫的夢沒有放棄，在妻子的支持下，一九二四年考上了東京美術學校的圖畫師範科，這是整個日本美術最重要的學校，前往日本留學。

然而，將近三十歲的陳澄波已經比其他同學年紀大，再加上程度跟其他同學有差，只能透過不斷的練習和學習，加強自己的繪畫能力。陳澄波不斷突破自己的能力，在三年級時，就以《嘉義街外》入選了「帝國美術展覽會」（簡稱「帝展」）。隔年的《夏日街頭》又入圍，這在當時的台灣是第一人。

由殖民地來的台灣人獲獎，代表已進入了當時的主流藝術圈，畢業以後的陳澄波到了上海美術專科學校任教。在上海期間，他也將中國水墨畫的技巧融合進繪畫之中，兼取中西美術的優點，後來的以西湖為題的《早春》和《西湖春色》又入選進帝展。

除此之外，陳澄波也關心台灣美術的發展，和許多畫家組成「赤島社」，希望「以赤誠的藝術力量讓島上人的生活溫暖起來。」陳澄波後來因為中國的動亂而回到台灣，又和廖繼春、顏水龍、李梅樹、李石樵、楊三郎、立石鐵臣一起創立「台陽美術協會」，一起推動「台灣新美術運動」，追求台灣意識和民族平等，回歸鄉土與刻劃人性的本質。

第二次世界大戰之後，陳澄波對於中華民國政府的到來相當歡迎，希望貢獻到政治當中，投身政治，當選嘉義市第一任參議會議員。然而，從中國來的政府，無情的屠殺台灣人。二二八事件之後，陳澄波想當政府和民間的溝通者，反遭逮捕，後來在嘉義火車站前被槍決。

關鍵詞

石川欽一郎

別號一廬，出生於幕府舊臣之家，素來愛好美術，但因家境清苦，從遞信省電信學校畢業後，即進入大藏省印刷局工作。他獨自鑽研水彩畫又能夠說英文，後來成為陸軍參謀本部翻譯官，於一九〇七年赴台，擔任台北第一師範學校以及台北師範學校圖畫科教師，是台灣近代西洋美術的啟蒙者，同時也是台灣學校美術教育的開創者。他在這段期間教導的學生，包括倪蔣懷、黃土水、陳澄波、李梅樹、李澤藩、李石樵、藍蔭鼎等人，桃李無數，且各個皆為日後台灣美術界的大家。

❶ 陳澄波。（圖片來源：維基共享資源）
❷《嘉義街外》。（圖片來源：維基共享資源）
❸《玉山積雪》。（圖片來源：維基共享資源）

台灣民主國的記憶：藍地黃虎旗

一八九五年的四月十七日，清帝國的全權大臣李鴻章在日本的下關簽訂了《馬關條約》，割讓了台灣。當時台灣島內的人民知道日本即將統治台灣後，對於未來的情勢感到不安，所以仕紳代表像是丘逢甲提倡建立「台灣民主國」，以獨立台灣國的姿態不接受日本統治，推舉清帝國的台灣巡撫唐景崧為大總統，丘逢甲為副總統。

然而，作為總統與副總統的人，卻沒有和台灣奮戰到底，隨著日本皇族北白川宮能久親王領軍在五月二十九日於台灣東北角的鹽寮登陸之後，當時的大總統和副總統都逃之夭夭，後來擁護劉永福為第二任大總統。

由於台灣島內無人領導，當時的軍隊也不聽指揮，甚至開始打家劫舍，搶奪財物。後來比較有經濟和社會地位的仕紳，害怕受到波及，開始拜託大稻埕的洋人，請他們出面向日軍投降。

六月十四日，日軍沒有遇到抵抗就進入台北城，開始往南進攻，從桃竹苗到彰化受到相當頑強的抵抗，然而相較於日本的現代化軍隊，台灣大部分是沒受過正規軍事訓練的軍隊，抵擋不了日軍的攻勢。

日軍進入台南的時候，由於能久親王陣亡，日軍為了要報仇，開始屠殺，台灣民主國的第二任大總統劉永福聽到消息後，也趕緊逃回中國。台灣民主國短暫的歷史，只是清朝官員們有勇無謀的抵抗，但也是當時接受西方觀念在台灣獨立的一個嘗試。

值得注意的是五月二十五日，原來的台灣巡撫唐景崧在二十一響禮砲中就職總統，還升起了一面長三．一公尺、寬二．六公尺的藍地黃虎國旗。台北城和台南陷落之後，「台灣民主國」短暫的結束，藍地黃虎旗也成為日本人的戰利品帶回日本。後來台灣總督府博物館想要收藏，委請畫家高橋雲亭按照原件複製一件，完成後送到博物館典藏，算是博物館最早的收藏品之一。

現在知道當時有三面國旗，一面在巡撫衙門、一面在砲台、一面在海關。一面在振天府中，一面據說因雨沾濕而不在了，一面被外國的海關官員所收藏。為什麼用黃虎？有些說是因為清國是龍旗，台灣當時不敢用龍，而用虎。從清代的旗幟來說，龍是最高級，虎則是漢軍將領的最高級，旁邊則襯托吉祥如意的雲紋和光明的虎紋。

本來台灣博物館以為是真跡，但後來歷史學者許佩賢考據說此面旗為複製的才解開旗的身世。最近台灣博物館修復此旗，發現此旗不僅單面，還有背面，有日間和夜間的老虎，棉布製成的黃虎旗，雙面採鏡像的相對形象。

然而，如果看藍地黃虎旗，旗面上有破損之處，以前歸因於總督府大火，但後來再度查找歷史資料，看到日治時期《台灣日日新報》中黑白的圖像，原來高橋雲亭複製的時候就是破損的。後來從報紙上的記述可以得知，日本人在一八九五年取得的時候已經破損了，摹製的時候連陳舊和破損的部分也與原旗一樣。

一面國旗的身世不僅述說了台灣的命運，本來以為是正本，但卻是副本，藏在台灣博物館中上百年，見證了不同政權的記憶。

關鍵詞

丘逢甲

字仙根，晚號滄海君，台灣府淡水廳銅鑼灣（今苗栗縣銅鑼鄉）人。清代地方仕紳，曾參與反對日本統治的「台灣民主國」活動，擔任副總統兼團練使，統領義勇軍。他年輕時便受到台灣巡撫丁日昌的賞識，讚譽其為「東寧才子」；科舉中第後並未在京師任官，而是退歸台灣，在台中、台南與嘉義等地興辦新式學堂，並在各地講授教學。乙未內渡後，他所作的詩集《嶺雲海日樓詩鈔》中，具有晚清「詩界革命」新派詩的藝術特色，被梁啟超譽為「詩界革命一鉅子」。

北白川宮能久親王

北白川宮能久親王是日本明治天皇的叔父，中、日簽訂《馬關條約》後，明治天皇任命他為征台元帥，率領近衛師團自一八九五年五月二十九日從澳底登陸後，師團及支部隊在短短五個月，經歷大小戰事達七、八十次，由北向南掃蕩抗日台民。北白川宮能久親王死在征戰途中，民間盛傳是被抗日義士刺殺，但日本官方的說法是染瘧疾致死。作為首位戰死異地的皇族，北白川宮能久親王在日治時期被神格化，成為全台各重要神社的主祭神。

❶ 北白川宮能久親王。（圖片來源：維基共享資源）
❷ 丘逢甲。（圖片來源：維基共享資源）

藍地黃虎旗。（圖片來源：維基共享資源）

觀看台灣的回憶：台灣鳥瞰圖

「鳥瞰圖」這個詞彙以往在日本並未出現，只有類似的畫作，但一直到吉田初三郎將自己的作品稱為鳥瞰圖，後來才廣為人知。如果以西方的所謂bird's eye view來說，較早出現在歐洲，後來在大航海時代的地圖，也可以看到鳥瞰圖。相比於吉田初三郎的鳥瞰圖，大航海時代的像是純粹的風景寫生，觀察視角較為傾斜，關於交通或其他的資訊，以文字在空白處補述，而吉田則直接標記在畫中。

吉田初三郎的鳥瞰圖結合中日柔和的筆墨和用色技巧，也運用「雲霧」來遮掩不足之處，他們用自己的美感經驗和實際走訪、寫實的能力，創造出比實際風景更具藝術性的鳥瞰圖，有時看起來還帶點浪漫感。師從吉田初三郎的金子常光，前期的作品依舊維持初三郎的構圖和風格，後來的作品可以看得出他走出自己的風格，將主體放在中間，並且往兩側延伸，讓整體形成一種弧度，有點像是攝影當中的魚眼鏡頭。

昭和九年（一九三四），吉田初三郎接受官方的邀請，為了要在一九三五年日本統治台灣的四十週年舉辦「台灣博覽會」繪製鳥瞰圖。吉田初三郎的構圖很特別，不是用西部為重點，畫面中間是台灣的東部，形成「上西、下東、左南、右北」的構圖。從這樣的角度，初三郎把遙遠的中國海岸、韓國、北海道，甚至遠到庫頁島的樺太都畫出來，彰顯台灣在帝國中的位置。

《台灣鳥瞰圖》金子常光將台灣島以橫躺於海上的角度，視角主要在台灣西海岸，向下俯瞰全島，從左至右，分別標註著大屯山、插天山、大霸尖山、桃山、新高山、大石公山、卑南主山、月光山等大小山脈，河流則標示出淡水河、大肚溪、濁水溪、花蓮溪等每條水流，圖上的圓圈則有每個地方的物產，像是：魚、茶、檜、米、麻、鹽、甘蔗等，還有標記台灣從南到北的溫泉和冷泉。台灣周邊的離島，像是龜山島、火燒島、紅頭嶼（今蘭嶼）、小紅頭嶼（小蘭嶼）、澎湖、望安等小島都很鉅細靡遺地描繪進去。

除了自然景觀和物產資源，金子常光也將日本統治下的台灣所建造的鐵路和道路，還有海運路線標示出來，展示出日本帝國對於台灣的建設，還有南來北往的交通。

除此之外，台灣海峽上畫有航線，還有船隻通行的海浬，地圖的上方標示著當時的殖民母國日本，下方則標示出中國的海岸。金子常光擅長用細膩的山脈地形描繪高低起伏且層層疊疊的中央山脈，成為鳥瞰圖最突出的存在。他的老師吉田初三郎則是用顏色的深淺和紅褐色和綠色來區隔。

鳥瞰圖從吉田初三郎開始發展，後來金子常光作為學徒也跟著學習，從應用美術開始發展起來，具有實用性，但也具備一定的藝術性，可以看得出不同畫家的風格。從不同的台灣鳥瞰圖來看台灣，可以看到不同的細節，也可以看到台灣在日本帝國下的發展。

從統治者的角度來說，鳥瞰台灣是一種統治者之眼，除了觀光宣傳之外，也帶有領土的展示和誇耀的意涵。

關鍵詞

台灣博覽會

一九三五年總督府為了宣揚政績，在台北舉行了規模盛大的「始政四十週年紀念台灣博覽會」，其目的在於展現四十年來日本政府在台灣實施的各項建設成果，讓各國知曉台灣各種進步情形、經濟建設等等，當時連中國福建省主席陳儀，也親率龐大的參訪團前來考察，是台灣有史以來第一次舉辦全島大型博覽會，同時也是台灣在日治時期舉辦過最大型的活動。

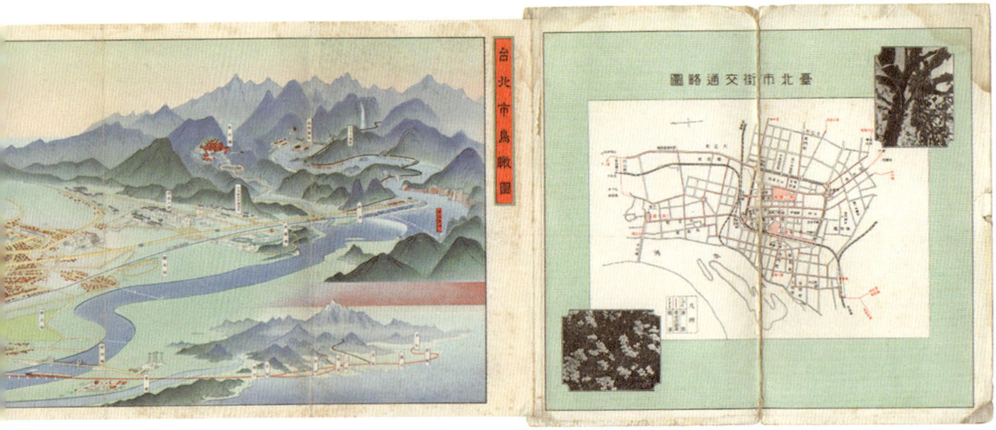
台北市鳥瞰圖
臺北市街交通路圖

臺灣鳥瞰圖

❶ 吉田初三郎《台北市鳥瞰圖》。（圖片來源：國立台灣歷史博物館open data）
❷ 金子常光《臺灣鳥瞰圖》。（圖片來源：國立台灣歷史博物館open data）

華麗島的回憶：《台灣風土記》

「南方是光之源／給我們秩序和歡喜／與華麗」，西川滿就讀早稻田大學法文系時，他的指導老師吉江喬松說服他到台灣發展文學。

西川滿是誰？大家不大會記得這個熱愛台灣的文學家，一輩子深愛著台灣，並把台灣的文藝和民俗作為他一輩子發展的目標。他兩歲的時候，從日本舉家遷到台北，父親西川純為了成為司法家，就讀東京的明治法律專門學校，但出生會津藩，在幕府末期選站在失敗的那一方，在明治維新之後一直被打壓。

西川純在日本內地發展得不好，後來到台灣來發展，從事煤礦和瓦斯生意，曾經一度窮途潦倒，後來和本島人一起合作的生意上了軌道，家境開始富實。

西川滿在一九一〇年兩歲的時候遷居到台北市，從小就對文學相當熱愛，就讀台北一中的時候開始寫詩。一九二八年二十歲的時候進入早稻田大學第二高等學院，接著進入法文科。他在法文系的時候，跟著吉江喬松、西條八十、山內義雄等老師學習。

即將畢業的時候，當時很多人都想留在東京工作，但吉江喬松用法國南方文學說服他，認為只有「在台灣建立自己的文學」才是西川滿的成就，所以他決定回到台灣，在《台灣日日新報》擔任文藝版的記者。

從一九三三年到第二次世界大戰結束的一九四五年，西川滿在台灣積極地從事文學活動，以《台灣日日新報》為中心，開始發表大量的作品，後來出版了詩集《媽祖祭》、《亞片》、《華麗島頌歌》、歷史小說《嘉定屠城記略》、《赤崁記》，對於台灣民俗極度感興趣的西川滿，大量集結民間故事和宗教活動的民俗，也蒐集原住民的神話。

我們經常引用葡萄牙語的Formosa來說台灣是「美麗島」，但西川滿始終用「華麗島」，這就是因為吉江給他的指導「南方是光之源／給我們秩序和歡喜／與華麗」，「華麗」帶著一種豐富的底蘊，可以從中挖掘出更多的內涵和文化，也是台灣文化的中心。

一九三九年（昭和十四年）二月西川滿創刊《台灣風土記》雜誌，主要的目的是研究台灣的民俗，同年卷一、卷二、卷三陸續出刊，隔年四月第四卷發刊，每卷內頁都有手彩畫、版畫和藏書票。

雜誌中記錄台灣的風俗，有楊雲萍、池田敏雄、黃鳳姿等相關文章，池田敏雄考察〈虎姑婆〉的傳說，西川滿此時考察原住民，還有持續關注媽祖的信仰，發表〈華麗島古代蕃歌〉和〈天上聖母〉。

一九四〇年西川滿跟在台灣的日籍朋友一起創立了「台灣文藝家協會」，機關的刊物雙月刊《文藝台灣》，從浪漫主義傾向來倡議台灣文藝，另外一群以寫實主義為主的成立了《台灣文學》，當時還有從民俗角度出版的《民俗台灣》。

西川滿在台灣的文學發展因為國民政府來台而停止，他在一九四六年回到日本，後來在戒嚴令下的台灣，沒有機會再回到台灣這個「第二個故鄉」。他在日本時，有一段時間生活相當貧困，但仍然接待因為二二八事件而逃難到日本的台灣人。戰後的日本有一段時間，將「台灣」當成「中國」的一部分，由於西川滿對於台灣的記憶，他傾聽台灣人的聲音，並且向日本人述說台灣人的認同、文化與價值。

《台灣小說集》集結了一些西川滿對於台灣的小說，在一九八四年出版，後記中他寫道這些作品是「對台灣——華麗島無限的戀慕、無盡的讚歌。」

關鍵詞

會津藩

江戶時代晚期，日本社會進入了動盪和變革的時期。在德川幕府的武士階級統治下，天皇的地位已經名存實亡。會津藩與幕府關係密切，在藩主松平容保的領導下，會津藩向當時的首都平安京（今京都）派出大量武士，協助維護當地治安。松平容保是德川慶喜的親戚並深受其信賴，在一八六二年至一八六八年奉命擔任守護京都的要職；當天皇計畫實行「版籍奉還」政策，會津藩拒絕了這一命令，還組建保安隊，旨在保護京都幕府派。一八六八年秋天，隨著新政府軍的逼近，會津藩部隊為保衛領土而孤軍奮戰，然而新政府軍擁有比他們更先進、更強大的武器，令人引以為傲的會津藩時代就此終結。

《台灣文學》

《台灣文學》於一九四一年五月二十七日創刊，雜誌名原為《綠色地帶》，為皇民化時期以台灣人作家為中心的文藝季刊雜誌，當時張文環、中山侑、陳逸松、王井泉等人因不滿西川滿所主編的《文藝台灣》，而共組「啟文社」創辦《台灣文學》。一年發行四期，刊載台日青年作家作品，活躍在其中的作家除張文環外，另有呂赫若、黃得時、吳新榮、楊逵、吳天賞、張冬芳等人。亦為戰爭期重要的文藝刊物，與《文藝台灣》形成強烈對比競爭關係。

❶《臺灣風土記》。
（圖片來源：國立台灣歷史博物館）
❷ 西川滿。
（圖片來源：維基共享資源）

誰的勝利記憶？八二三勝利紀念碑

跟著國立台灣師範大學的江柏煒教授一起到金門考察，除了閩南文化，也考察戰地的遺址。從九宮碼頭離開後，翻過斜坡，看到一道長虹狀的大門，稱作「勝利門」，在門前有個圓形台座，上面豎立著一座綠白顏色的巨型砲彈，其上有：「八二三砲戰勝利紀念」的字樣，還有青天白日的國徽。

這是為了紀念一九五八年的「八二三砲戰」，八月二十三日下午六點三十分左右，中國人民解放軍聚集了三百四十二門火砲，向金門大規模發射，兩個小時內發射五萬七千五百發砲彈。接下來的兩年，解放軍又發動「六一七」、「六一九」砲戰，然後持續以「單日發砲，雙日不發砲」的「單打雙不打」一直持續到一九七八年，總共發了四十七萬四千九百一十發，創下世界紀錄。

相對於一九四九年的國民政府大撤退，「八二三砲戰」也有人稱為「第二次台海危機」，共軍的砲火相當猛烈，台灣在美國第七艦隊的支援下，除了協助金門的補給，還進行陸、海、空的兩棲聯合演習。在美方的協助下，逐漸壓制共軍的火力。由於無法掌握制空權，解放軍無法占領金門。

在當時的情況下，美國本來有意讓中華民國從金門、馬祖撤軍，使中華民國只統治台灣，地理上與中國分治，但遭到蔣中正的反對。中共的高層後來也怕奪下金門、馬祖等外島之後，有可能導致台灣實質上獨立，後來就決定台、澎、金、馬一起攻下，不要各別取下金門和馬祖等外島，「單打雙不打」比較像是軍事上的騷擾行動。

八二三砲戰之後，台海的形勢從以往隨時可能觸及的熱戰，固定成為一種冷戰的態勢，即使發生戰爭，也是短暫的武裝衝突，而不會引響到整體的局勢，後來兩方都到國際的場合上爭取國際的關注。

對於經歷過戰爭的金門人而言，八二三砲戰是一場無法忘卻的記憶，但當時移事往，恐懼和哀傷的情緒減低，代之而起的是一種生存下來的驕傲，歷經風霜的傳奇，對於金門人而言，是一段偉大的歷史，每個金門人都有一段八二三的故事。

文學家朱西甯後來整理大量的八二三故事，完成《八二三注》，寫下六十萬字的戰爭小說，記錄了發生在金門的這場特殊情境下的戰爭，所有不正常的歷史因素都聚在一起，形塑出了一場絕無僅有的戰爭。

這場戰爭，中華人民共和國和中華民國都自稱「勝利」，中國認為：「砲擊金門」所實現的價值總和，包括軍事懲戒、政治分化、外交配合、政策宣示、策略謀對、實戰練兵，都達到或超過了最初的預期，是中國統一史上的重要一篇。

但台灣方面則認為此次戰役是台灣生死存亡的關鍵一役，共軍無法占領金門，確保了後來台、澎、金、馬數十年的安全和和平。從兩岸的角度，或從一個更廣闊的視角，宋怡明（Michael Szonyi）在二〇一六年寫了一本英文專書，稱為 *Cold War Island: Quemoy on the Front Line*，中文翻譯本出版，名為《前線島嶼：冷戰下的金門》。從全球冷戰的格局中，思考金門對於國際地緣政治所扮演的角色。

一場戰役、兩者都獲得勝利的記憶，並且在全球的歷史中有一定的地位。記憶就看生活在其中的人，還有各種認同和身分的移轉。

關鍵詞

第七艦隊

第七艦隊是美國太平洋司令部下的遠洋艦隊，基地在日本橫須賀港，另外在東亞有許多基地如韓國浦項、日本沖繩與鎮海基地等，是美國最大的海外駐紮部隊。一九四三年因應太平洋戰事，故美國將西南太平洋艦隊改編為第七艦隊，並曾參與韓戰、越戰。一九五八年的八二三砲戰中曾為中華民國海軍補給船護航，一九五九年改名「台灣巡防艦隊」（Taiwan Patrol Force），利用左營海軍基地作為駐點，並透過高雄港運補提供物資，直至一九七〇年代後期斷交為止。

朱西甯

山東臨朐人，原名朱青海，後更名朱西寧，其後又改寧為甯字。一九四九年決定棄學從軍，赴台後轉駐鳳山，考取上尉繪圖官，一九六二年任國防部參謀少校，後有感於孫立人事件，毅然於一九七二年以上校職退伍。其創作生涯早於一九四七年，即在南京《中央日報．副刊》，發表第一篇短篇小說〈洋化〉，至台灣駐守鳳山時，與司馬中原、段彩華被文壇譽為「鳳山三劍客」，並於一九五二年出版第一本小說《大火炬的愛》；爾後陸續寫出《鐵漿》、《狼》、《破曉時分》等膾炙人口的作品，奠定台灣懷鄉書寫的重要里程碑。

八二三砲戰歷史照片。（圖片來源：維基共享資源）

剝削或是富饒的記憶？八田與一的銅像

每回坐高鐵經過嘉南平原，看到整片綠油油的稻田，就會感動台灣真是塊寶島，土地滋養著我們每個人。然而，綠油油的稻田背後並不只是自然的賜與，還有很多人的努力。

清國統治台灣的時候，嘉南平原是缺水的狀態，水利設施不多，灌溉條件也不好。日本人統治台灣之後，為了要讓台灣成為產糖和產鹽的糖米之鄉，透過埤圳的建設來增加稻米的產量。

台灣總督府計畫在曾文溪上游築壩，灌溉嘉南平原十萬甲的土地，另外引用濁水溪的水源灌溉雲林五萬甲的土地，兩者後來成為「嘉南大圳」形成的基礎。當時的技師八田與一在總督府擔任工程師，在一九一七年提出建造嘉南大圳的計畫，但因為工程經費過大而遭到駁回。

然而，日本國內的情勢改變，因為快速工業化，很多農村的人口到了都市工作，種植稻米的人口下降，導致米價高漲。日本的米商還囤積白米，讓米價持續攀高，最後一群家庭主婦憤而走上街頭抗議，還衝進白米店搶米，發生警民衝突，各地的暴動頻傳。

白米是人民的根本，只要缺米就會引起動盪，日本政府開始檢討白米政策，社會要穩定就要有足夠的白米。台灣的氣候條件充足，足以產出大量的白米，但要有完整的水利計畫，讓八田與一的計畫通過審核，開始執行。

一九二〇年嘉南大圳開始施工，本來預定六年完工，遇到關東大地震和世界經濟不景氣的影響，展延到一九三〇年才完工。嘉南大圳有儲水、灌溉和防洪的工程，包含烏山頭水庫，還有整合平原的集水區，並且透過烏山嶺隧道將官佃溪的水導入烏山頭水庫，隧道長度三千公尺，是整個工程最困難的部分。

大圳灌溉的渠道綿密，覆蓋了整個嘉南平原，總長度一千四百一十一公里。除此之外，還有排水設備，可以排除灌溉的餘水，並且改良土地，加總起來的排水路長度約七千公里。

嘉南大圳完成後是全亞洲規模最大的水利設施，有了充足的水資源，本來平原西側的荒地旱田，都成了稻米之鄉，也增加了砂糖的產量，同時解決了以往水患、乾旱，還有鹽害的問題。

然而，大圳完成之後，農民並沒有感到開心，從興建到完成都有人感到不滿。由於興建大圳，很多人被迫遷移，種植的作物開始受到政府控制，因為使用水圳也必須定期繳交高額的水租費用，當時的報紙《台灣新民報》中還以「咬人大圳」、「水害組合」表達不滿之意。

從大圳運作之後的整體發展來說，整個嘉南平原的土地價值增長了五倍，而且農產量成長了六．四倍，農民所得增加了百分之八，耕地面積也比之前多了三十倍，顯現大圳的建設改變了整個台灣的農業經濟。

從歷史的詮釋來說，有人認為大圳的建造是日本人剝削台灣的農業建設，也有人認為台灣人的確受惠不少，兩者的詮釋都成立，但嘉南大圳與八田與一的確改變了我們台灣的土地、經濟和生活。

關鍵詞

日本一九一八米騷動

第一次世界大戰（一九一四—一九一八年）的爆發，讓遠離戰場的日本工業發了戰爭財，詎料隨之而來的通貨膨脹卻引發了「米騷動事件」，一九一八年，兩百多名買不到白米而忍無可忍的富山縣主婦聚集街頭，群起要求官方降低米價，抗議不果之後，氣憤的主婦們最後竟然衝進米店搶米，甚至與警察爆發了激烈衝突。米騷動後，日本政府意識到事態嚴重，開始整治零售業，也注意到必須確保穩定的糧食來源。於是日本政府斷然採取了殖民地的稻米增產措施，並著手規畫建設水利灌溉設施，也進一步促成嘉南大圳的建造計畫。

八田與一紀念銅像。

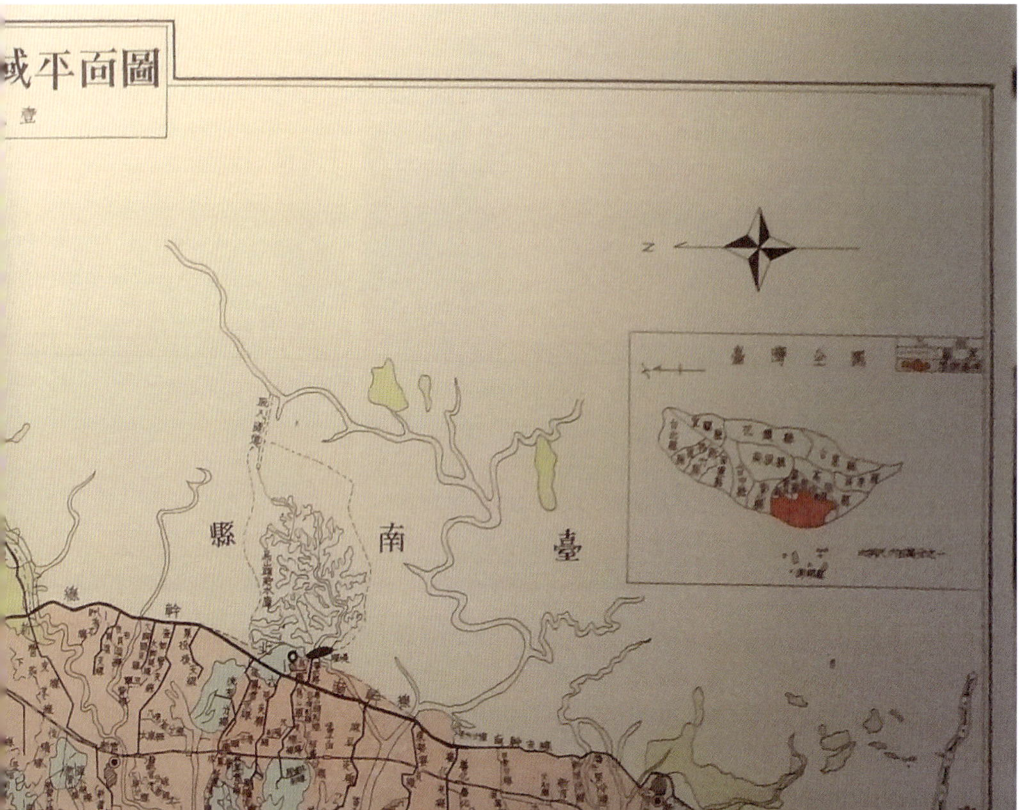

域平面圖
壹
臺灣全圖
臺南縣
臺南市
高雄縣

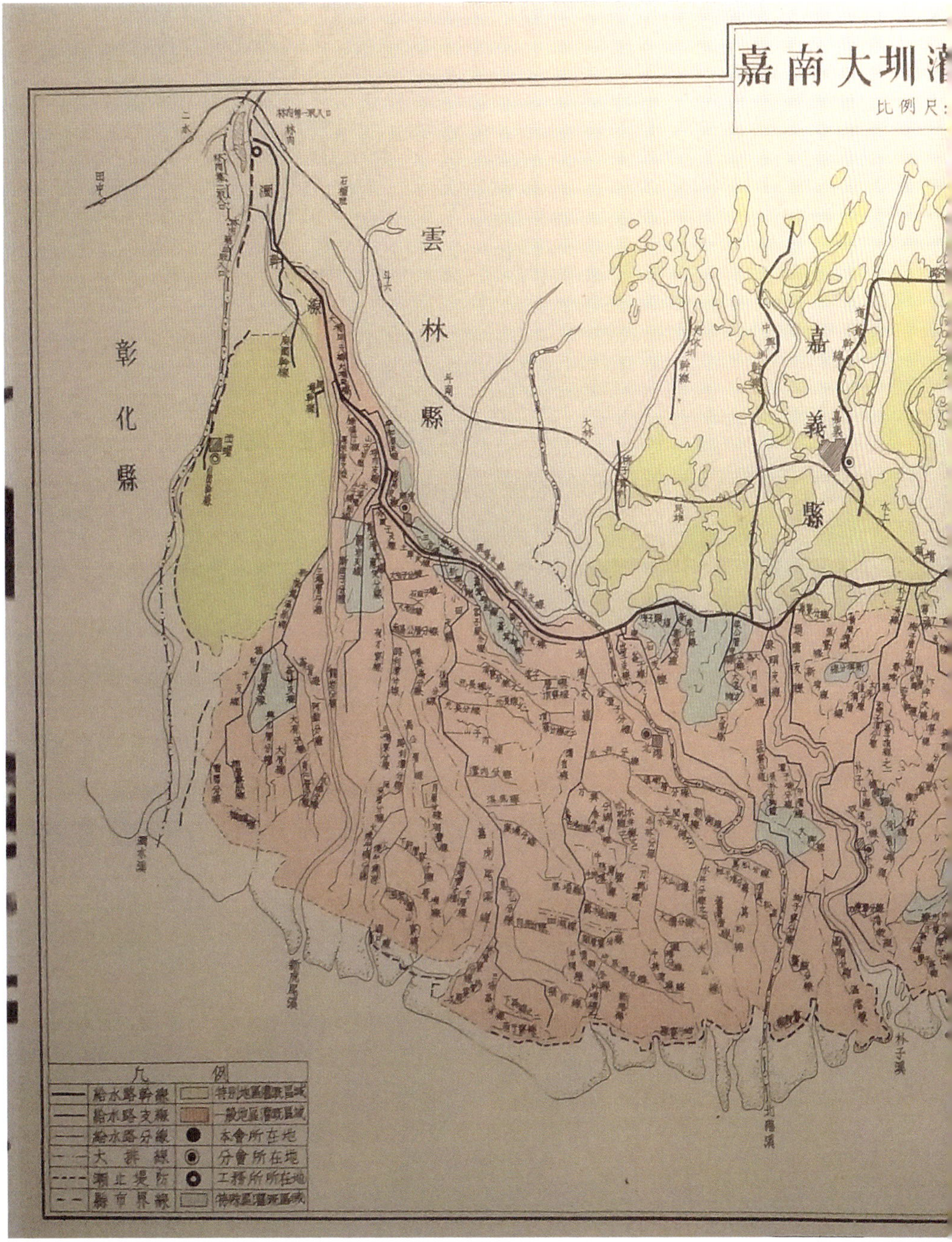

嘉南大圳的流域圖。（圖片來源：中央研究院人文社會科學研究中心地理資訊科學研究專題中心）

多重記憶的詮釋：西鄉都督紀念碑

一行人爬著階梯，日本朋友說：「日本怎麼會在山裡蓋這樣龐大的紀念碑？」

我帶著四位日本朋友，都很有代表性，日本研究台灣原住民的權威學者下村作次郎教授、魚住悅子老師、《每日新聞》的高橋記者、作家栖來光，每個人都在台灣與日本文化間穿梭和努力著。

台灣旅客不常來這裡，四位日本朋友也是第一次來。一九三五年，日本統治台灣四十年，決定蓋兩座紀念遺蹟。一座是基隆車站前的第一任總督樺山資紀的紀念銅像；一座是南台灣的「西鄉都督遺蹟紀念碑」。

一八七四年日本以討番為名派兵於琅嶠龜山（現為車城鄉後灣村龜山沿岸）登陸，由日軍西鄉都督率領攻打牡丹社，與牡丹社原住民交戰，台灣後來的首任總督樺山資紀也參與戰役。

為什麼日本人要發動戰爭攻打牡丹人呢？

一八七一年，有一艘琉球宮古島的船因為颱風，漂流到台灣東南部的八瑤灣，船上有六十六人遇到排灣族高士佛社的原住民。本來原住民設宴款待琉球漂民，但是後來因為語言溝通上的問題，產生誤會，讓原住民以為他們會帶更多的人攻打部落，開始追殺琉球人，五十多民琉球人遇害。

獲救的琉球人前往福州的琉球館，以往的慣例是清朝政府會撫卹琉球漂民，不會引起太大的爭議。琉球本來不屬於日本，有自己獨立的王國，同時向日本和中國朝貢，獲取保護，並透過貿易獲得很大的利益，這些利益遭到日本的覬覦。

日本在明治維新之後，將本來的薩摩藩改為鹿兒島縣，並且在一八七二年片面的廢除琉球王國，中國方面抗議，但日方不予理會。琉球漂民事件之後，日方向清朝表示關切此事，清朝政府表示高士佛的原住民是：「化外之民。」

日方按照當時國際法概念，認為牡丹社屬於「無主番界」，沒有現代國家主權統治的化外之地，所以日方可以出兵攻打。一八七四年日軍於屏東社寮上岸，排灣族人聞訊之後，在今天的石門埋伏。從五月十八日到七月，日軍與排灣族人戰況激烈，互有死傷，後來日軍以強大的人力優勢獲勝，牡丹人投降。

一九三五年日人為紀念該事件，於此興建「西鄉都督遺蹟紀念碑」。

但有趣的是第二次世界大戰後，屏東縣首任縣長張山鐘，覺得紀念碑有損國威，將碑文改題「澄清海宇還我河山」。民進黨執政後，覺得國民黨的做法有損歷史事實，將「澄清海宇」的字樣拿掉，但原碑已經不在，呈現有碑無文的狀態。直到二〇二一年十一月，仿照日治時代字樣的「西鄉都督遺蹟紀念碑」又再度立上。

一座紀念碑，象徵著台灣歷史豐富的過去，又代表了其中的無奈。

關鍵詞

西鄉都督

西鄉從道是日本近代的陸、海軍軍官、政治人物。明治維新時期，社會結構重整，眾多士族（舊武士）失業，造成極大的社會問題，各地陸續出現士族叛亂事件。明治七年（一八七四），九州發生佐賀之亂，雖然僅十餘日便被弭平，但日本政府為安撫反抗意識最強的薩摩士族以及下野隱居的西鄉隆盛，特意任命西鄉從道為中將台灣蕃地事務局都督，領兵三千餘名前往台灣南部攻打台灣原住民部落。

牡丹人頭返還

牡丹社事件中，包含牡丹社頭目aruqu（阿祿古）父子在內，有多名原住民勇士在「石門之役」中奮戰而亡。根據牡丹鄉公所統整文獻記載，該場戰鬥中，日軍取下十二個頭顱當作戰利品帶回日本，其中四個原住民頭顱遺骨輾轉被攜帶到英國，輾轉於一九〇七年交由時任愛丁堡大學校長、亦為解剖學家的威廉．透納爵士（Sir William Turner）收藏、研究。二〇二一年，原民會主委Icyang Parod（夷將．拔路兒）寫信給英國愛丁堡大學正式提出訴求，希望秉持聯合國原住民族權利宣言第十一、十二、三十一條精神——即各國應與原住民族共同建立有效、公平透明的機制，原住民族有權要求包含遺骨在內的各種文物返還原籍；二〇二二年七月，愛丁堡副校長麥拉赫蘭（Gavin McLachlan）回信同意返還。

日治時期的西鄉都督遺蹟紀念碑。（圖片來源：維基共享資源）

澄清海宇還我河山。（圖片來源：Bunkichi Chang）

和平島的二二八記憶：琉球漁民慰靈碑

第二次世界大戰之後日本殖民政府離開台灣，由中華民國政府接受，我們很多人都知道「二二八事件」是本省人和外省人之間的衝突所造成的悲劇，但很少人知道其中還有琉球人的喪命。

現在基隆的和平島有個和平島公園，如果到公園內，在步道上散步可以看到特殊的海蝕地形，由於東北季風和海浪的侵蝕，造就許多奇形怪狀的地形。最為特殊的是千疊敷，一塊一塊的方形岩石，遠望有如梯田。

我到和平島公園好幾次，第一次去是和曹銘宗先生，他帶著我遊覽公園，最後在遊客中心旁看到了琉球漁民慰靈碑，下面是獨木舟，上面是琉球漁民赤裸上身的樣子，腰部纏繞著布條，左腳踏在船頭，右腳還在船中。左手則手持魚鏢，右手指著前方，臉部的表情微笑且帶著自信的神情。

當初銅像完成的時候，日本人安全正祥指著銅像說那就是他的叔父內間長三。一八九五年日本人統治台灣之後，琉球和台灣之間的交流相當頻繁，搭船很快就可以到基隆。內間長三在一九〇五年就從琉球到台灣捕魚，待了超過四十年以上的時間。

琉球人是航海民族，還教基隆人捕魚的方法，內間長三教台灣漁民「射魚」的技術，正是銅像所展示的樣子。內間長三和台灣人的感情好，當時日本警察還規定不准台灣人拿走現撈的漁獲去買賣，內間長三私底下讓台灣人拿走，還被日本警察逮捕，但內間長三辯說是因為彼此之間的友誼，而不是商業行為，由此可見彼此之間的情誼。

二〇一一年銅像完成的時候，日本沖繩縣宮古島市市長下地敏彥、基隆市長張通榮，還有琉球知名的歌手夏川里美都出席，是相當重要且隆重的活動，為什麼會在這裡設立「慰靈碑」呢？這和「和平島」的改名也有關係。

本來稱為「社寮島」的和平島是國民黨掩蓋二二八屠殺的作為，二二八事件之後，在中國的蔣介石政府為了要鎮壓台灣人的抗爭，調兵來台灣屠殺，從基隆上岸的時候，社寮島就是一個屠殺的現場，後來改名「和平島」就是一個粉飾太平的行為，讓後代忘了屠殺的恐怖行徑。

但社寮的屠殺和琉球人之間有什麼關係呢？

社寮由於和琉球之間航行的距離相當近，彼此的交流很頻繁，社寮住了很多來自琉球的人，從琉球來捕魚的漁民也住在社寮島上。從戶籍資料上可以知道，日本宣布無條件投降的時候，台灣有一萬多名的琉球人。

戰後國民政府來到台灣，遣返了五千多個琉球人，在台灣還有九千多個左右的琉球人。社寮在二二八事件前後有三十多名的琉球人還定居在當地，但當國民黨政府來到台灣鎮壓的時候，島內的人只會講日語和母語，不會講北京話。不會講中文的琉球人，也成了國民黨殺戮的冤魂。

然而，如果從碑文來看，寫著：

台灣人曾經和琉球人互相合作，宛如兄弟姊妹般生活在一起，這是一個光輝燦爛且令人驕傲的史實。

其中沒有提到二二八事件屠殺的過程，或許和基隆市長期由國民黨執政有關，無法承認國民黨屠殺的事實。內間長三的微笑，帶著很多血腥和殺戮的記憶，讓他的笑有著更複雜的意涵。

關鍵詞

大航海時期和平島的歷史

一六二六年五月十二日，西班牙人登陸雞籠島（位於今和平島的本島社寮島南岸），同月十六日宣示占領福爾摩沙，並在島上建立聖三位一體城（又稱為聖救主城、聖薩爾瓦多城），為了強化在島上的防禦，除了聖薩爾瓦多城外還分別建立與本島最近的聖路易堡（桶方堡）、制高點的聖安東堡及撤守堡。西班牙占領雞籠後馬上就陷入困境，因為雞籠的金包里社以及大雞籠社原住民逃到內山，拒絕提供食物，西班牙人陷入糧食不足的問題。隔年，西班牙人得知淡水米糧豐富，因此從北海岸進入淡水奪取米倉，並在一六二八年為了擴張滬尾勢力而建立聖多明哥城（現淡水紅毛城），直到一六三七年因為發生淡水林仔社原住民攻擊西班牙人並殺死神父事件，因此西班牙人撤守淡水。

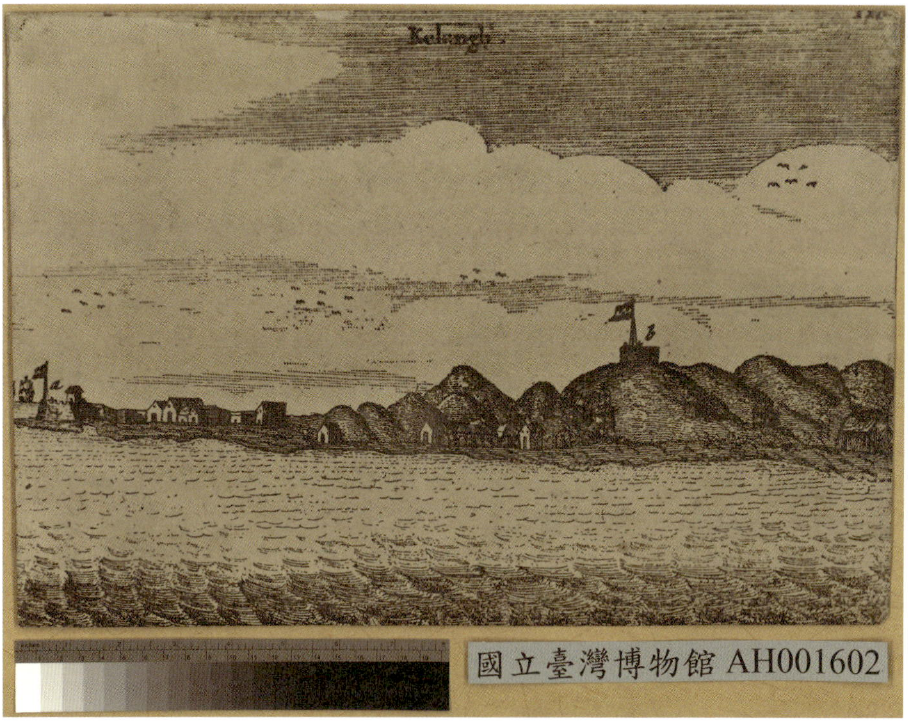

荷西時期的和平島。（圖片來源：國立台灣博物館）

現在的和平島。（圖片來源：沈明璁）

領袖的記憶：蔣公銅像

像我這樣四十五歲的人，小學和中學的教科書稱呼蔣中正總統都要稱呼：「先總統蔣公」，蔣的前面還有空一格表示尊敬。我還記得以前到學校的時候，門口都是蔣總統的銅像，進校門還要敬禮以表示尊重。

從二〇一八年十二月促進轉型委員會（促轉會）所提的報告知道，全台兩蔣的銅像超過一千二百座，光是蔣介石的銅像就有一千零八十三座，台北市最多，高達一百二十九座。如此多的銅像還在全台灣各地的中小學矗立著。

如果現在到蔣介石陵寢旁的慈湖紀念雕塑公園，其中有超過兩百座的銅像，可以從銅像看到捐贈來源，一條路上不同樣子的銅像，或坐或站，有些拿著拐杖，有的以光頭的形象，有的拿著帽子或戴著帽子。

促轉會所提的報告只是蔣介石銅像的一部分，台灣戒嚴解除之後，當時高達四千五百座的蔣介石銅像，有些被拆除，大卸八塊，有的碎片兩百多塊，再由裝置藝術者修復。

我們來思考一下銅像的功用，銅像一般會比人高，置放在基座上面，高高在上，不管什麼身高的人都需要仰視才能看到銅像，在台灣到處都有的蔣介石銅像從何而來呢？

一九七五年蔣介石去世的隔年，內政部頒布法規〈塑建總統蔣公銅像注意事項〉，並對其設置場所、銅像儀容裝扮進行規定：

銅像之神貌：應充分顯示蔣公慈祥、雍容之神貌，並含蘊大仁、大智、大勇、堅毅、樂觀之革命精神，與至誠、博愛、愉快、生動之神情。

銅像之神態：應採用自然立姿、神態挺拔、舒適、栩栩如生。

銅像之服裝：以採用蔣公喜愛穿著之中山服為主。

蔣介石過世之後，總統的位置由兒子蔣經過繼任，民主國家不會有如此父死子繼的現象，當時的台灣在威權和獨裁的體制下，為了塑造統治的合法性，蔣經國開始將蔣介石偶像化。

以前我讀政治大學，由於第一任校長是蔣介石，政大有兩座蔣介石銅像，一座在總圖「中正圖書館」，進門就看到大型的坐姿蔣介石銅像。還有一座在後門，是蔣介石騎馬的英姿，馬匹單腳站立。

由於政大的後門剛好是男生宿舍的入口，夜間回到宿舍的同學有的時候看錯，以為馬匹換了另一隻腳站立，校園傳說流傳半夜馬會換腳站立，而且如果對著雕像投幣，馬會帶你下山。

全世界的獨裁者都會設立銅像，舉例來說，西班牙的獨裁者佛朗哥從一九三九年到一九七五年統治西班牙，全國各處都有其銅像、紀念碑，還有街道名稱都可以看到。在西元二〇〇〇年之後，西班牙進行調查，通過轉型正義的法案，開始移除佛朗哥的銅像和相關的紀念物品。

台灣除了有中正紀念堂、蔣公銅像，各地也有介壽路，慶祝蔣介石高壽，和西班牙十分相似。但是台灣在解嚴之後蔣介石銅像仍然存在各地，沒有像一般民主國家對於過去獨裁者的罪行進行完整的調查，進而給受害者家屬補償，讓我們的歷史記憶仍然存在著威權的陰影。

關鍵詞

促進轉型正義委員會

促進轉型正義委員會，簡稱促轉會，是行政院為執行轉型正義事務成立的任務型編制二級獨立機關。其依《促進轉型正義條例》授權成立，主要針對過去的威權獨裁統治時期，規劃和推動還原歷史真相、開放政治檔案、平復司法不公、促進社會和解、不當黨產的處理及運用等工作。

蔣公銅像公園

蔣公銅像公園於民國八十六年由大溪鎮公所設立，用以放置台灣各地因去蔣化而移除的蔣中正銅像，形成特殊的裝置藝術主題公園，公園以蔣中正的雕像作為主題，是台灣唯一為單一個人的雕像所設立的紀念公園。據民國一〇六年二月統計共有兩百一十九座蔣中正雕像，另有國父孫中山二十七座、故總統蔣經國兩座。

慈湖陵寢。（圖片來源：桃園市政府文化局）

一中的記憶：創校紀念碑

吾台人初無中學，有則自本校始。蓋自改隸以來，百凡草創，街莊之公學側重語言，風氣既開，人思上達，遂有不避險阻，渡重洋於內地者。夫以髫齔之年，一旦遠離鄉井，棲身於萬里外，微特學資不易，亦復疑慮叢生，有識之士深以為憂，知創立中學之不可緩也。

台灣本來沒有中學，以前想要讀書獲得教育的人，還要到「內地」，立碑的時候，「內地」是日本。

其實在「台中一中」之前，台灣還是有中學的，第一所招收台灣學生的中學是教會所創辦的，而且是由馬偕牧師的兒子偕叡廉在美國得到教育碩士後，回到台灣傳教，並且在一九一四年創辦淡水中學。

日治時代剛開始，日本政府提供殖民地的台灣人基礎教育，主要是讓台灣有些知識，符合統治上的需求，但不希望台灣人讀更多書，有了知識以後，反而會起來抗爭，造成統治上的困難。

台灣的仕紳覺得應該有學校來教育台灣人，讓他們成為現代的國民，中部的林烈堂、林獻堂、辜顯榮、林熊徵、蔡連舫在一九一三年向總督府提出興辦私立中學的想法，但總督認為私立中學可能會影響政府的教育政策，回絕了民間的請求。

但林獻堂等人仍然不放棄，多次向總督府請願，台灣人募集資金營建校舍，然後由總督府設立學校並且負責管理，一九一五年二月「台灣公立台中中學校」完成，專門收台籍的學生，也就是現在的台中一中，讓本來只能接受小學教育的台灣人，可以繼續向上進修。

後來日本人逐漸改變統治策略，在每個縣市都積極設立學校，但日本人和台灣人讀的學校還是不同，一九二二年專收日本人的「台中州立台中第二中學校」成立，較早專收台人的「台灣公立台中中學校」要更名為「台中州立台中第一中學校」。

然而，台灣其他地方的「一中」都專收日本人，「二中」收台灣人，總督府希望台中也比照辦理。但當時的台中一中校長小豆澤英男，雖然是日本人，卻極力反對，讓台灣人保留唯一的一中。

但是，歷史的發展總是反諷又有趣，戰後國民政府來到台灣之後，將以往日治時代台灣人讀的「二中」或是「二女」都改成「一中」、「一女」，而把以往的「一中」改成「二中」。不想被改名的「台北一中」則改名為「建國中學」，「台北二中」改名為「成功中學」，只有「台中一中」是永遠的「一中」。

「台中一中」象徵著台灣爭取教育權的努力，戰後因為地處市中心，旁邊很多大學聚集，構成了附近的商圈，形成的「一中商圈」成為大型的學生商圈，也讓「一中」的歷史記憶更加鮮活的在生活中留存著。

關鍵詞

林獻堂

林獻堂出生於一八八一年，台灣阿罩霧（今台中市霧峰區）望族霧峰林家頂厝系。林獻堂出生時，霧峰林家的家族經營逐漸轉向文治，因此在七歲時就進入林家家塾「蓉鏡齋」，拜何趨庭為師接受傳統漢學教育。日治時期，林獻堂對台灣的貢獻橫跨多領域，包括加入「櫟社」、號召募款成立「台中中學校」（今台中一中）、成立「台灣文化協會」等；還成立「同化會」，並於一九二一年起領導長達十五年的「台灣議會設置請願運動」。

一中商圈

一中商圈位於台中市北區，範圍以一中街為核心，向外包含三民路、太平路、育才街與育才南街、育才北路。一九八〇年代，水利大樓與來來百貨相繼落成啟用，亦有補習班群聚在此，逐漸成為台灣中部高中生聚集處，同時被認為是台灣中部的青少年流行文化指標地，同時亦常見打扮入時的年輕世代，形成典型的大型學生商圈。

❶ 日治時期的台中一中。（圖片來源：台中市政府文化局）
❷ 現今的台中一中校門。

輯二

空間與紀念館的台灣記憶

台灣的史前記憶：卑南遺址公園

我們都知道中國的古代有個春秋戰國的年代，西方有個古希臘的文明，充滿了哲學家和豐富的城市文化，因為當時他們有人寫下了記錄，但是不知道在那個時候台灣的人在做什麼？幸好我們有考古的發現，讓我們知道同一時期台灣人的活動。

大家可能不知道史前遺址的聚落是如何？台灣從四、五千年以前就有人居住，由於他們沒有留下文字記錄，只能透過考古發掘，了解他們的生活，台灣目前有超過兩千個史前遺址。

從考古遺址當中可以看到很多以往人類生活的遺跡，像是植物的種子、建築遺址、陶器和骨器等生活的用品，有些還有華麗的裝飾品，像是玉器、金屬或是珍珠。

史前人類如何生活呢？和我們現在的生活有什麼不同？

透過在台東車站附近的考古遺址，在卑南溪出海口地方，因為當初台東車站施工的關係，發現了台灣規模最大的史前聚落遺址，考古學家估計離現在三千年前時，是一個相當龐大的聚落，命名為「卑南遺址」。

透過發掘出來的文物，考古學家重建當時人的生活聚落，利用竹子、茅草、石板和木頭，房子呈長方形，院子用礫石鋪呈，由於靠海近，面朝太平洋，加上台東天氣炎熱，為了保存食物，在房子的後面搭建了垂直地穴用來存放食物。

從陶器的發展來說，他們發展出很多樣化的類型來盛放液體和食物，從留存下來的痕跡來說，也看出發展複雜的紡織技術。為了利用自然資源，像是打獵、捕魚，或是收穫食物，發展出了石鋤頭、鐮刀、石茅和石箭，用在種植小米和到山上獵捕野獸，或前往海邊捕魚的時候都相當便利。

從墓葬的習俗來看，當時住在卑南的人將過世的親人埋葬在房子的下面，他們對於葬禮舉辦的儀式相當慎重，用石板製成棺材。在卑南遺址發現超過一千多座的墓葬，厚度有兩到四公分厚，從排列的方向來看，順著海岸山脈「東北－西南」的走向，跟房子是同樣的方位。

此外，他們發展出宗教儀式來告別過世的人，而且還在墓葬中放置珍貴的玉器作為陪葬品，玉器有珠子、玉環，還有四個角突起的玉玦，是用來裝飾的耳環，另外還有讓人驚豔的「人獸型玉玦」，也是用來作為耳飾，圖樣是兩個站立的人型，看似雙手叉腰，兩人的頭部共同頂著像是貓科的動物，雕刻相當精緻，現在已經列為國寶。

從玉石分析來源，是產自花蓮的「豐田玉」，墨綠色帶有斑點的玉石，還能透光，但令人驚訝的是豐田玉製成的玉器不只在台東卑南，還在台灣很多遺址發現，甚至還在越南、菲律賓、泰國的遺址中都有所發現。

考古學家推測當時的卑南人擅長航海，將玉製品外銷到不同的地方，或者是卑南人到不同的地方定居，也許在當時整個南島語族擴散的範圍中，卑南的玉器是相當流行的精品呢！

關鍵詞

豐田玉

又稱台灣玉，是一種閃玉，色澤呈淺綠至深綠，最早於一九五六年被成功大學廖學誠教授鑑定出來，產於花蓮縣的荖腦山地區。豐田玉在一九七〇年代曾經占有全球玉石市場的九十%，一九七六年更創下外銷五十億的佳績，這為花蓮豐田這座小農村帶來了巨大的改變。但自一九八〇年代後，豐田玉停採，村莊便逐漸沒落。

❶ 卑南遺址。
（圖片來源：維基共享資源）
❷ 如今卑南遺址經過規畫，成為寓教於樂的場域。（圖片來源：林瑋琦）

九面國旗的歷史記憶：淡水紅毛城

台灣是世界之島，是世界霸權爭奪的島嶼，所以只要觀察台灣所留下來的建築，就可以看到世界史，淡水的紅毛城就是荷蘭與西班牙爭奪霸權的記憶。十六世紀西方人發現新航路，要到東方尋求貿易利益，荷蘭人登陸今天台南的安平，在一六二四年建立了「熱蘭遮城」，西班牙在一六二六年在現今基隆的和平島上建立了「聖薩爾瓦多城」（San Salvador）；兩年之後在今淡水建造了「聖多明哥城」（Santo Domingo），現在的紅毛城附近。

西班牙人除了建城以外，也開始從淡水河進入台北盆地，建立道路和傳教，統治的過程受到原住民族的反抗，本來是木頭建成的「聖多明哥城」遭到原住民焚毀，一六三七年以石材重建，然而完成後，由於受到南部荷蘭的威脅，當時台灣北部由菲律賓總部管轄，總督科奎拉（Sebastian Hurtado de Corcuera）決定從淡水撤軍，下令摧毀「聖多明哥城」。

荷蘭人在一六四四年春天從台灣南部帶來相關的建材和工匠，在聖多明哥城附近重新築「安東尼堡」，由於荷蘭有紅頭髮，漢人稱為「紅毛人」，也是「紅毛城」得名的由來。台灣南部的荷蘭人在一六二四年由鄭成功驅逐，北部的荷蘭人無力與鄭氏政權抵抗也撤走，鄭氏政權掌管台灣之後，深怕清軍會由北部進入，重修紅毛城，派左武衛何祐駐防淡水。

台灣在一六八八年由清國政府統治，紅毛城無人管理，任其荒廢。然而，中國沿海很多移民到北台灣墾荒，彼此之間的紛爭，還有與原住民族的對抗，加上十八世紀西方人到亞洲來，覬覦淡水在東亞海運上的重要位置，從治安、海防和撫番的考量下，一七二四年淡水廳同知王汧重修紅毛城，然而，清國畢竟是個陸上政權，後來沒有太關心紅毛城的功能，遭致廢棄。

紅毛城重新站上歷史舞台是因為世界史的關係，鎖國的清國不敵西方的勢力，在十九世紀後半期，英國和法國取代了過去的西班牙和荷蘭，成為新的海洋霸權，英國尤其關注淡水的位置，設立洋行和領事館。

台灣北部產茶，出海口就是淡水，茶葉的利潤相當大，英國人到東方來很大的原因就是因為茶葉的貿易，非常了解淡水的重要性，看到「紅毛城」的地理位置，一八六七年和清國簽訂了「紅毛城永久租約」，將領事館設在裡面。英國人重修「紅毛城」，修葺了三座建築，全部採用廈門地的紅磚，紅磚造是英國當時在各個殖民地所採用的建築，也成為現在紅毛城的樣子。

政權不斷遞嬗的台灣，在一八九五年之後由日本人統治，英國領事向日本政府提租約，日本政府同意，一直到日本發動太平洋戰爭，向美英國家宣戰，在一九四一年接管到一九四五年日本無條件投降。

國民黨政府來台後，重新回復與英國人的舊約，在一九四六年三月重新開館，但一九七二年英國政府與中華人民共和國建交，委託當時還跟中華民國政府建交的澳大利亞大使館管理。當澳大利亞政府與中華人民共和國建交之後，再委託美國大使館管理，但台灣與美國又於一九七九年斷交，由「美國在台協會」接管。

台灣的外交部努力奔走，在一九八〇年六月三十日，產權和管理權都回到中華民國政府，並且整修後在一九八四年重新開館，給民眾參觀，一座「紅毛城」，現在有九面國旗，見證了台灣與世界複雜的歷史記憶。

紅毛城。（圖片來源：Photo AC）

西班牙帝國在台灣：聖薩爾瓦多城

我的好朋友曹銘宗老師出身基隆，對於歷史掌故和美食都相當熟稔，我經常到基隆拜訪他，考察相關遺址，他參與了文化部的「歷史場域再造」計畫，希望還原和平島與基隆的歷史和文化記憶。

十五和十六世紀的時候和平島稱為「雞籠」，因為從海上遠看就像雞的籠子，當時福建、琉球、日本人都在此處進行貿易的轉運。和平島上還有一支很會航海的原住民：巴賽人，從淡水、和平島和宜蘭都有他們的聚落，因為居住的平地很小，無法單靠農耕為生，經常與不同地方的人貿易。

四百年前的和平島是座世界島，西班牙人從大西洋穿越了太平洋之後，了解地球是圓的，展開全球殖民的事業。從一六二六年到一六四二年台灣北部由西班牙人占領，而且在和平島上蓋了「聖薩爾瓦多城」（San Salvodor）與教堂，教堂又以諸聖教堂最大。

西班牙殖民菲律賓的呂宋島之後，注意到台灣島，稱為「艾爾摩莎」（Isla Hermosa），就是「美麗島」的意思。由於日本的豐臣秀吉打算出兵台灣，作為攻打菲律賓的跳板，西班牙帝國才注意到台灣的重要性。

因為荷蘭和西班牙在歐洲的衝突，衍伸到殖民的爭奪上，荷蘭人覬覦台灣，西班牙人也開始殖民北台灣，以和平島為統治的中心，命名為聖薩爾瓦多島（救世主之意）。從相關的資料研判，聖薩爾瓦多城是一座石造的建築，一六三四年修建了四座稜堡。

讓西班牙遺蹟露出曙光的是台灣大學西班牙籍的包曉鷗教授，想要復原聖薩爾瓦多城的遺址，透過古地圖加以判別，推測應該在台灣國際造船公司的廠區內，後來再根據雷達判斷下方有相關的遺跡。

從二〇一一到二〇一六年，台灣與西班牙的專家組成團隊，一起進行考古調查工作，想要確認和平島上的堡壘，還有聖薩爾瓦多的堡壘，後來二〇一九年出土的諸聖教堂可以辨認出舉辦天主教彌撒的地點，還有二十多個墓穴。

除此之外，也開始進行周邊生活遺址的調查，想要了解西班牙統治台灣時期，原住民、西班牙人，還有來自不同地方的移民如何生活在這塊島上。西班牙傳教士主要在進行傳教，當時也教育原住民學西班牙語，並且開始改信天主教。

有趣的是曹銘宗透過西班牙人占領台灣的歷史寫了一部小說《艾爾摩莎的瑪麗亞》，用文學的想像，還有堅實的歷史材料，將四百年前在和平島上不同族群的互動做了生動的描繪。

由於西班牙傳教士的目的是傳播教義，認為神的子民都是平等，但殖民政府又想要剝削當地原住民的利益，多少會產生衝突。故事的主角以六歲的原住民女孩雨蘭，學習西班牙文，了解天主教的教義，純真的看著殖民者來台灣的作為。

透過歷史，曹銘宗老師把和平島的景點寫進小說當中，而且也將基隆沿岸的海鮮寫進去，希望透過對於歷史的重建思考基隆潛力的觀光景點。當我站在和平島的海邊，想像著西班牙人與原住民在這塊土地發生的故事，對於台灣歷史與文化的記憶又有了更多的層次和想像。

關鍵詞

西班牙殖民台灣

一六二六至一六四二年間，西班牙帝國於北台灣歷時十六年的殖民統治。一六二六年，時任西班牙國王Felipe IV統治時期在台灣北部和平島建立殖民地，並興築「聖薩爾瓦多城」（San Salvador），此是西國在遠東地區最後一次擴張。但西班牙人無力驅逐已占領台灣南部的荷蘭人，也無法賺取足夠的利潤來維持駐軍的花費，只能靠馬尼拉補助北台灣的經營。因此馬尼拉經濟衰退以後，西班牙縮減在台駐軍，給了荷蘭人可乘之機，直至一六四二年，荷蘭人攻陷雞籠，結束西班牙人對於台灣的統治。

和平島

和平島位於基隆市中正區，基隆港東北方，是距離台灣最近的島嶼，島上的原住民巴賽族稱此島為「tuman」，漢人入墾後則稱為「大雞籠嶼」或「大雞籠山」，是北台灣最早有西方人足跡的地方，也是基隆最早有漢人入墾所在之一。和平島掌控基隆港船舶出入門戶，尤其位於橫亙社寮島「龍仔山」中央「龍仔頂」的制高點一帶，歷經西班牙、荷蘭、鄭氏王國、清國、日本、中華民國政權統治至今，和平島一直都是台灣海防要塞與東亞航海版圖中的天然良港、交易節點。

聖薩爾瓦多城。（圖片來源：維基共享資源）

從公會堂到中山堂的記憶

台北的中山堂是個特別的建築，日本時代稱為台北公會堂，一九三六年十二月二十六日上午九時三十分，由當時的台北市石井市長邀請小林總督、野戰司令官與文武官民共一千四百多人，隆重地舉辦盛大落成典禮。

建造時間一波三折，歷經明治、大正和昭和天皇三十年共十三位總督才完成可以容納兩千人規模的公會堂，規模的壯大還有設計的用心可以媲美當時日本國內的東京和大阪公會堂。然而，不到十年之後，日本政府戰敗，台北公會堂成為日本受降儀式的場所，台灣成為中華民國統治下的一省。

見證不同政權，中山堂一直是台灣重要的記憶場所，日本時代的公會堂也是凝聚社會和文化的重要場域。日本明治維新以來，經過工業化以後，開始提倡社會改良的運動，在農村設置「農村公會堂」；在城市則是以勞動者為動向的「庶民娛樂場」，讓庶民有集會和教育的空間。

台灣目前現存之公會堂有十座，分別是台北公會堂、新竹公會堂、大溪公會堂、彰化公會堂、鹿港公會堂、二水公會堂、斗六公會堂、台南公會堂、新化公會堂與恆春公會堂。但從日治時期的文獻中可以發現，全盛時期台灣的公會堂多達一百多間。日本人所開的公會堂主要在商業活動聚集的地方，在此舉辦各式各樣的活動，除了教育和文化，也有政治性的目的。

台北公會堂一開始原為淡水館，本來稱為登瀛書院，完工於一八八六年（光緒十二年）與西學堂比鄰，為清領時期北台灣文化和教育的場所，日本人治台後將書院挪用為官民俱樂部兼做公會堂，然而規模太小，不敷使用。日本政府在全台蓋起公會堂，但台北公會堂卻因為各式各樣的原因一直到一九三六年才完成。

然而，一九三五年日本人統治台灣四十週年，總督府推動「始政四十週年紀念台灣博覽會」計畫，公會堂為計畫中第一會場的主要場館之一，其中回顧日本帝國統治台灣的建設，讓台灣成為「產業蔚然」與「教化盛行」之地，除此之外，公會堂也是日本進入華南和南洋殖民地的範本，希望吸引日本內部與外國的投資。

「始政四十週年紀念台灣博覽會」之後，日本發動戰爭，推行「國民精神總動員」，要教育台灣民眾成為皇民，為國效忠，透過音樂、演劇和文藝活動在公會堂舉辦國語講習所大會、教化大會、演講會……等活動，灌輸台灣人大日本臣民的思想。台北公會堂在當時舉辦的各種活動，是當時台灣人「成為日本人」很重要的記憶空間。

然而，一九四五年日本無條件投降，十月二十五日台北公會堂成為國民政府接受降書的地點，大宴會廳改名「光復廳」，公會堂也改名成中山堂，隔年同日蔣介石出席在中山堂舉辦的台灣光復節週年紀念大會，開始形塑新的記憶。

戰後的台灣，國民黨政府透過中山堂來強調自己是中國的合法政權，並且以中山堂作為培育人民共同信仰的場所，放置孫中山的畫像和塑像，內置「禮義廉恥」的匾額，在中山堂前設置孫中山銅像。後來中國發動文化大革命，蔣介石則提倡「中華文化復興運動」，中山堂成為台北分會成立大會的地點。

同樣的地點，不同的政權，不同的政治權勢，創造出不同的記憶，現在的中山堂經常舉辦文藝活動，企圖淡化色彩，還給民眾，成為文化和休閒的空間。

中山堂。（圖片來源：Photo AC）

灣生的台灣記憶：吉野村

如果有一群在台灣被當成日本人，在日本被當成台灣出生的人，兩邊都格格不入，他們的人生際遇和生長環境是如何呢？日本在明治維新之後，由於醫療環境的改善，還有生育率的增加，造成國內人口大量增加，很多人找不到工作，生活困難，也形成了不少社會問題。

在台灣割讓給日本之後，成為日本的殖民地，也是日本人向海外移民的選擇之一，當時日本的農民向巴西、美國和夏威夷等地移民，要移往台灣並不是隨便所有人都可以移民，有審查的機制，通過才能來台灣，當時規定著：「品行端正無惡習」、「永遠住在台灣的堅強意志」，而且還規定要全家一起移民。

日本人統治台灣而且政權穩定之後，開始規畫了一些地區，讓日本來的移民可以定居。總督府規畫了二十幾處的移民村，最早的就是在花蓮的「吉野村」（現在花蓮的吉安鄉）。由於是第一座的移民村，所以有示範的作用。

吉野村之中有六十一戶的居民，為了讓居民有公共和信仰空間，同時規畫了神社、學校、真言宗吉野布教所（現在的慶修院）、吉野尋常高等小學校（現在的吉安國小）、醫療所等。為了要讓當地的居民有生計的來源，利於農作開發，吉野村有灌溉的水利設施，讓農民得以種植糧食和經濟作物。

日本政府積極在台灣設置移民村的目的，除了有緩和國內人口增加所造成的社會議題之外，也想要讓日本人同化更多的台灣人。從國家長期的發展來說，日本除了殖民台灣之外，也積極的想向東南亞和太平洋擴張，擴大帝國的版圖與資源。地處於熱帶和亞熱帶之間的台灣，很適合日本人在這裡生活、研究，以便於日後的擴張。

第一批日本移民大約有三百多人，在「吉野村」定居後，接下來在花蓮的「豐田村」和「林田村」繼續增加移民台灣的人數。然而，來到台灣的日本移民生活相當艱難，因為不熟悉自然環境，農民每天認真工作，但台灣有相當多的蚊蟲，讓他們染上很多熱帶疾病。種植出來的作物，有可能被蟲或是野獸吃掉，辛勤工作的所得就沒有了。

地處花蓮的移民村，還會遇到原住民的襲擊，更讓生活雪上加霜，而且台灣有颱風和豪雨等自然災害，收穫經常毀於一旦，有些人無法在台灣繼續生活下去，也有一些人堅持到底，在台灣生根，也漸漸的有些日本人在台灣出生，他們被稱為「灣生」。

從小生活在台灣的「灣生」，生活的周遭有日本人、台灣人，也有原住民，在台灣的土地上採水果，到溪裡玩水，台灣就是他們的故鄉。然而，第二次世界大戰結束之後，數十萬在台灣生活的日本人，不管他們的想法或是意願，都要回到日本。

對於「灣生」而言，離開熟悉的「故鄉」台灣，所謂的「原鄉」日本反而是陌生的地方，回到日本之後，還只能限制在固定的地方，日本國內的人也以異樣的眼光看他們。

許多灣生長大之後，有些回到台灣，看著小時候的朋友，感嘆時代的變化，也有些灣生因為中華民國政府來到台灣，被迫改成中文名字，開始學中文，留在台灣。夾在兩國之間和時代變化的人，記憶的轉換總是令人唏噓。

關鍵詞

慶修院

吉安慶修院原名為真言宗吉野布教所，為台灣現存最完整的日式寺院，吉安在日治時期被稱作吉野，是花蓮相當有名的移民村，大正六年（一九一七），川端滿二募建了這座「真言宗高野山派吉野布教所」，相傳為川端滿二遵循真言宗開山祖師「空海大師」的遺規，走遍日本四國島上八十八所箇所，把八十八尊石佛一一請回來，希望以宗教的力量，撫慰當時日本移民的思鄉之情。一九四五年國民政府接管台灣，日人遣回故里，真言宗吉野布教所更名為慶修院。

《海角七號》與灣生

《海角七號》為導演魏德聖執導的首部劇情長片，於二〇〇八年上映，故事背景敘述一九四五年第二次世界大戰結束後，台灣進入中華民國時代，日本人被全數遣返回日本，當時一位日籍教師在高砂丸遣返船上，一字一句寫下給他台籍女學生兼愛人小島友子的七封情書，六十餘年後，陰錯陽差當上郵差的樂團主唱阿嘉，在找尋收件人小島友子的過程中，展開一段探究歷史、在時光交錯間巧合的愛情故事。電影中也透過日籍教師的角色，點出了「灣生」這個特別的身分，指的是對日治時期在台灣出生的日本人（此指原籍日本內地者）之稱呼，包括日台通婚者所生下之子女。

❶ 早期花蓮港廳吉野村街道一景。（圖片來源：維基共享資源）

❷ 吉野村。（圖片來源：維基共享資源）

權力的記憶：總統府

日本人治台初期，官舍沿用清領時期的建築。總督府是治理台灣的最高行政機構，沿用了基隆海關與欽差行台作為辦公空間。一八九五年第一任總督樺山資紀在貢寮登陸之後，將官署設於基隆海關之內，最早的台灣總督府設於此。

但基隆的總督府只維持了十天，之後採用欽差行台為總督府，屬於原來清代布政使司衙署的一部分，坐北朝南，深四進，左右對稱，這座建築作為總督府有二十四年，有七任總督在其中辦公。

日本人為了長期統治台灣，需要有一個新的總督府，作為權力的象徵。透過公開競圖的方式，尋求設計案，也是日本有史以來的第一個官方競圖案。透過媒體和報章雜誌的報導，有很多人投案，以長野宇平治為第一等。

總督府雖然採用長野的設計，但仍有修改，後來總督府的技師松山森之助擔任建築師，改動了一些設計，與原來設計最大的差別在於中央塔樓往上拉高很多，從本來的六層樓，拉高到十一樓，在門口和色彩上的設計，讓總督更有統治上的象徵，成為當時的第一高樓。

從建築結構來說，總督府是「日」字型建築，很多人都坐西朝東，面向日出之地的日本，但主要的功能是日字型建築較為穩固，而且相當防震。長野與松山都受教於日本第一代最成功的建築師辰野金吾，「辰野」式的建築將英國維多利亞．歌德（Victorian Gothic）的樣式，結合日本人的建築風格，並且在符合台灣風土的狀況下，大量移植到台灣日治時代的建築。

台灣總督府從一九一九年落成啟用後，曾經有兩次的重大毀損，一次是一九三五年的火災，燒毀了五樓，另外一次是第二次世界大戰的時候，美軍轟炸台北，總督府中彈，延燒了好幾天。

一九四五年中華民國政府接收台灣，開始修復戰爭期間的毀損，隔年為慶祝蔣介石六十大壽，將整棟建築改為「介壽館」，拍馬屁的意味非常濃厚。一九四九年國民政府在中國內戰中失利，逃亡至台灣，一九五〇年正式將此建築設為總統府。

後來以總統府為中心，畫了一個軍事管制區，是由中華路、愛國西路、中山南路、常德街、公園路、襄陽路、懷寧街及衡陽路所切割出來的範圍，叫做「博愛特區」，只要出現遊行，就會圍起來的地方，象徵著國家權力中心的地方。

博愛特區現在雖允許一般民眾出入，但周邊都有便衣警察，心情和平常一般逛街的時候不同。本來總統府前的路稱為介壽路，也是拍蔣介石的馬屁，但當民主進步黨的台北市長陳水扁上任之後，將其改為「凱達格蘭大道」，以台北原來的平埔族為名，淡化蔣氏政權威權統治的象徵。

總統府附近的建築，在高度上都不能比它高，遠遠的就可以看到塔樓。解嚴之後，總統開放民選，而且政黨輪替了兩次，總統府中的關鍵人物不再是威權統治的總督或總統，而是要獲取民心的全民領袖。

選舉前，不同黨派的候選人競相要在總統府前舉辦造勢活動，發表政見，獲取民眾的信任，才能走進權力的象徵。從威權走向民主的記憶，一座總統府，相同的建築，不同的記憶。

關鍵詞

欽差行台

欽差行台由台灣巡撫於光緒十八年（一八九二）間花費兩萬兩興建，為外地高級官員來台北時之旅館及宴會、會議之用。甲午戰後割台期間，台灣民主國大總統唐景崧曾將其改作「籌防局」，專司軍事布防之務。日治時期後，欽差行台建築改為「台灣總督府廳舍」，直到一九一九年新廳舍（今總統府）落成啟用後，舊廳舍便成了臨時性展覽聚會場所。一九三二年，欽差行台遷移至植物園後，改作中央研究所林業部熱帶植物標本陳列室之用，光復後，歷經林業陳列館、文物館使用至今。

辰野金吾

辰野金吾為日本第一代建築師，畢業於工部大學校（今東京大學工學院）造家學科，為英國建築師喬賽亞．康德的學生，曾留學英國，後返日投身建築學術界和實務界，其建築設計中常見紅磚與灰白色系飾帶相間做法，及像王冠一樣的塔樓與圓頂設計，被稱為「辰野風格」或「辰野式」，因他的學生來台發展者相當多，對於台灣日治時期建築影響至深。

❶ 日治時期的台灣總督府廳舍外觀。（圖片來源：維基共享資源）

❷ 現今的總統府。（圖片來源：Photo AC）

日本帝國與中華民國記憶的爭奪：桃園神社

從小生活在桃園，知道虎頭山上有個桃園神社，但以前去參觀的時候往往覺得訝異，日式建築卻安奉著中華民國政府認定的「烈士」，甚至還包含著抗日的烈士，後來我才知道這是記憶與現實的抗爭。

本來在民進黨任內的鄭文燦市長想要恢復桃園神社的日式風情，迎來日本天照大神供奉，日本神社拜日本神不是很正常的嗎？但二〇二二年國民黨籍的張善政選上市長後，隔年將天照大神請回日本，而且撤除相關祭祀的儀式。

新聞鬧得沸沸揚揚，其實和台灣不同的歷史記憶相關，我們先來理解桃園神社為什麼是記憶鬥爭的場所。

日本帝國在擴張的時候，在殖民地廣設神社，全盛時期高達一千六百座。一九三四年日本政府決定要用日本的神社作為地方教化的中心，但每個神社都要有一定的規格，像是土地要四、五千坪以上，建築物中要有拜殿、本殿、手水舍、社務所和鳥居等。

當時的桃園屬於新竹州，桃園神社在選址的時候特別選了一處林木扶疏之處，讓參拜者能夠透過林木感受到儀式感。從虎頭山望向桃園，後方是黑松密林，前方是桃園市的街區，很適合修建神社。

一般來說日本的神社大多坐北朝南，但也有些因地制宜，桃園神社是坐東北朝西南，而且神社的中軸線將本殿、中門和拜殿都置於中軸線上。當中奉祀的是開拓三神和北白川宮能久親王，還加祀了明治天皇和豐受大神。

桃園神社在昭和十三年完成，從台灣神社迎回御靈的時候，所有的政府機關、學校和公司都要舉行參拜儀式，而且每年都有固定的祭典，確立桃園神社為當地的神道信仰中心。

然而，從現在桃園神社的管理組織可以看到受「桃園忠烈祠管理委員會」管轄，這就和台灣的政權更迭有關了。從中國而來的國民黨政府，在大陸的時候所設置的忠烈祠，祭祀剿共、北伐死傷的國民黨軍人，後來還包含了很多抗日的將領。

國民黨政府來台灣之後，將原本的忠烈祠移居到了桃園神社當中，在日式建築中祭祀國民黨的先烈，但仍然保持著以往神社的鳥居和祭祀空間，形成了不倫不類的移植。然而，蔣介石總統為了確保自己是中國的合法政權，在台灣推行中華文化復興運動，開始將宮殿式的建築移植到忠烈祠的建設上。

一九七二年台灣政府與日本斷交之後，大量的拆除日本建築，但桃園神社卻因為預算被挪用而逃過一劫。本來在一九八四年要被拆除，但隨著台灣社會的民主化，社會大眾認為要尊重歷史，保存過去的古蹟，而不是一味的將中國式的建築蓋在台灣。

桃園神社被保存下來是因為藝文團體的努力，影響了地方政府和議會，讓我們現在仍看得到日本海外最完整的神社建築，後來桃園神社被政府列為古蹟，以後可以免於被拆除的命運。

現在的桃園為了拚觀光，讓桃園神社成為一個類似日本神社的地方，可以在這裡祈福，而且週末還有日式市集，不用出國就到日本。但對於來台灣的外省移民來說，其中奉祀的是抗日的軍人，是忠烈祠。但神社的本體建築又是奉祀日本神道神祇的場所，其中還有日治時代台灣人的記憶。

一個神社，不同的想像，說明了台灣人記憶的差異與混亂。

關鍵詞

開拓三神

開拓三神（かいたくさんじん）是大國魂命、大己貴命、少彥名命等三位神祇的合稱，祂們是日本神話中代表國土經營的守護神。大國魂命別名國魂神，代表國土的經營與支配；大己貴命擁有大國主神、大物主神、大穴牟遲神等別名；少彥名命別名須久那美迦微、少日子根等。《古事記》與《日本書紀》皆記載大己貴命與少彥名命在天孫降臨之前建國並經營國土。因該三神具有國土開拓、經營的性格，所以在日本的北海道、庫頁島的神社成為重要的祭神。

御靈代

在日本信仰文化中，要祭祀神明時，會在這些樹木、山或岩石設置臨時的祭壇來迎接與送迎神明。臨時設置的祭壇會隨著祭祀結束後一起撤走，但久而久之慢慢發展成固定建物的神社。而神社裡祭祀的神就稱為祭神，受祭祀的神明所在的地方就是本殿，在正殿裡有著神體，神明會依附在神體上，就稱為御靈代（みたましろ）。鏡子、劍、勾玉等是一般常見的神體，除此之外，樹木或是石頭等也可以是神體。

桃園神社。（圖片來源：Photo AC）

不同歷史記憶的霧社事件紀念公園

霧社位於現在南投的仁愛鄉，雲霧繚繞所以得名，境內大多是賽德克的原住民為主，其中還有霧社事件紀念公園，公園內有抗日紀念碑、無名英雄之墓、莫那·魯道雕像和莫那·魯道之墓。

霧社事件起因於日本人對於原住民的態度，日本人統治台灣的時候，對島內的不同族群採取「順者撫之、逆者剿之」的態度，原住民為了守護自己的文化和家園，和日本人產生大的衝突。

由於台灣的山地有很大的林業資源，日本人開發山林破壞了原住民的家園和文化，而且徵調原住民從事辛苦的勞動，警察對於霧社的原住民長期的欺凌和壓迫。一九三〇年霧社公學校要舉行運動會的時候，當地的日本人都會到場觀禮，五月二十七日馬赫坡社的頭目莫那魯道在事前聯合其他五個社的原住民，利用運動會沒有戒備的時候，發動突襲將場內的一百三十四位日本人殺死，而且奪取日本人的槍彈。

總督府聞訊之後，從各地調來了大量的軍警，而且出動了大砲、機槍和飛機前往，由於原住民的誓死抵抗，日軍還使用了毒氣等非人道的武器投擲，遭到國際輿論的批評，日本議會追究台灣總督的責任，總督辭職下台。

霧社事件原住民死亡有六百四十四人，其中的兩百九十六人因為知道最後無法抵抗日軍而選擇自殺，想要回到祖靈的彩虹橋，也不願被日本人侮辱。領袖莫那．魯道在十二月一日自殺，屍體沒有腐化，四年之後被狩獵的原住民發現，日本人將之存放在當時的台北帝國大學，其餘生還的族人被迫集體遷村至川中島。

霧社事件紀念公園的設立在民國四十一年，由於當時國民黨政府撤退到台灣來，擔心中共的轟炸，在仁愛鄉公所警察分局挖掘防空壕，竟然有三十多具骨骸，經由賽德克人指認，為日本政府處死的賽德克人，後來設立了無名英雄之墓，當時的台灣省政府主席黃杰在墓前題字：「霧社山胞抗日起義紀念碑」，設立公園，公園前的牌坊為雙十字造型。

霧社事件之後，莫那．魯道的遺骸被日本人當作人類學的標本，到處展示。民國六十二年，從台灣大學人類學系的標本館歸還，葬於紀念碑的後方，後來還設立紀念雕像。國民黨政府將莫那．魯道視為抗日的民族英雄，所以紀念公園採用中國式的牌坊，然而，賽德克人對於中華民族沒有太大的認同，他們只是追求自己文化和守護家園的一群勇士。

魏德聖導演後來拍攝的《賽德克．巴萊》還原歷史現場，而且事件中還有接受過日本教育的花岡一郎和花崗二郎，他們接受日本教育而擔任小學老師與警察，但在霧社事件的時候卻遭遇認同的危機，不知道自己該歸屬何處。

台灣的不同族群因為遭受不同的殖民政權，長期以來在自己的文化和外來的文化之間掙扎，對於自己的認同找不到歸屬，霧社事件紀念公園見證了弱小族群在不同殖民政權中的混亂記憶。

關鍵詞

賽德克族

賽德克族（Seediq/Sediq/Sejiq）發源於中央山脈（Pusu Qhuni/Rmdax Tasil），其祖先從起源地歷經遷徙後，到達德鹿灣（Truwan；都達群稱之為Plngebung，南投縣仁愛鄉合作村內）定居、繁衍。賽德克族相當重視祖靈與祖訓gaya，這樣的文化也反應在歲時祭儀上面，在農務和狩獵相關的各類祭儀中，對祖靈的敬謝儀式是重要的一環。民國五十年代之後，賽德克族人接受西方宗教的觀念，多數信仰基督宗教，各項傳統祭儀幾乎都停止，直到近年因文化意識的提升，部分部落開始恢復辦理祖靈祭。

電影《賽德克．巴萊》

《賽德克．巴萊》為導演魏德聖執導的劇情長片，改編自邱若龍漫畫《霧社事件》，於二〇一一年上映，本片分為上下兩集：上集以象徵日本的「太陽旗」命名，描寫一九三〇年莫那．魯道帶領賽德克族人反抗日本長期壓迫原住民而引發的霧社事件；下集命名為「彩虹橋」，刻畫日軍鎮壓、莫那．魯道帶領賽德克族人抵抗日軍的過程，並深入刻畫族人陣亡後越過彩虹橋、回歸祖靈的故事。

❶ 1930 年的霧社。（圖片來源：維基共享資源）
❷ 中間者為莫那．魯道。（圖片來源：維基共享資源）

霧社原住民抗日群象。（圖片來源：數位物件授權：CC BY 3.0 TW + / 建檔單位：原住民族委員會原住民族文化發展中心 @ 國家文化記憶庫）

白色恐怖的記憶：綠島監獄

「你們想想，你們十八歲到二十二歲，中文已經相當流利了，但如果有一天，換了政府，突然叫你們講另外一種語言，而且有可能參加個活動，就因為思想犯而被抓走。」我上課的時候會跟大學生說。

大部分的年輕人很難想像，我自己都很難重建那樣的生活情景。想一想會被抓走嗎？有時甚至沒有想沒有做也會被抓走，送到綠島，不管你是少女，還是有孩子的媽媽，或是參加了一場教會的聚會，就被屈打成招，成了匪諜。

我們都害怕持槍的罪犯，但當國家本身就是最大的暴力來源，國家可以再教育你。前年上映的《流麻溝十五號》，根據大量的史實和口述資料。相較於以前白色恐怖的電影都以男性為主角，其中的女性都是受難者家屬，這次的思想犯都是女性，不是History，而是Herstory，而且是年輕的女性，有知識的女性，她們年輕，且才華洋溢，但在中華民國保密防諜的白色恐怖政策下，人生就「被消失」。

綠島本來稱作火燒島，按照學者的研究，北部、東部原住民很多將其視為祖先起源的地點，後來漢人移民來到，隨著台灣割讓給日本，日本人在此設立「火燒島浮浪者收容所」，將在台灣有可能會妨礙統治的人送入綠島強制就業，因為綠島四面環海，犯人就算脫逃也無法離開。

戰後國民政府來到台灣，發布「戒嚴令」，決定要在此地成立思想犯的監獄。按照《懲治叛亂條例》、《肅清匪諜條例》，情治單位可以任意逮捕異議人士。一九五一年四月一日在綠島公館村成立「台灣省保安司令部新生訓導處」（地址：流麻溝十五號），隔月就將千名政治受難犯送到綠島，最多的時候超過兩千人。

一九七〇年時關押政治受難犯超過三千人，大多蒙受不白之冤，後來不在此處關押政治犯，開始建造有著高圍牆的監獄，專門關押重刑犯和幫派分子，所以很多人對於綠島監獄的印象就是「大哥」，反而忘記政治受難犯的歷史，而且政治受難犯有男性，也有女性。

解嚴之後，很多倖存的政治受難犯推動人權，反思過去政府的暴力和不義，作家柏楊與民間人權教育基金會推動在綠島設立人權紀念碑。李登輝總統在一九九九年親自出席揭碑的儀式，後來民進黨的陳水扁總統當選，更多戒嚴時期不義的行為被揭發，在二〇〇三年遺址部分開放，二〇一八年蔡英文總統蒞臨白色恐怖監獄歷史遺址區西邊的人權紀念碑，為國家人權博物館白色恐怖綠島紀念園區進行揭牌儀式。

現在很多人到綠島觀光，因為美麗的風景，享受海洋的風光，也有很多人喜歡浮潛，但這座島嶼承載著很多人不幸的記憶，不是因為他們真的犯罪，而是國家作為迫害者，羅織罪狀，讓他們和家庭深陷不幸，國家隨時都有可能犯錯，透過綠島的不義遺址，我們隨時要了解國家可能會犯下的罪狀。

關鍵詞

《懲治叛亂條例》、《戡亂時期檢肅匪諜條例》

《懲治叛亂條例》為白色恐怖時期最重要的特別刑法，制定公布於一九四九年六月二十一日，目的是為了對應共產黨叛亂之特殊狀況的特別刑法，戒嚴時期成為壓制異議人士之用的惡法，最終在一九九一年五月二十二日，因清華大學發生「獨立台灣會案」，而經立法院三讀通過，時任總統李登輝明令予以廢止；《戡亂時期檢肅匪諜條例》亦為白色恐怖時期的特別刑法之一，制定公布於一九五〇年六月十三日，該條例通過後，台灣警備總司令部便據以負責逮捕被認為有匪諜嫌疑的人士，只要被密報是匪諜後政府就可以逮捕並逕送當地最高治安機關，不經正當審判程序審訊乃至定罪下獄、沒收全部財產，使其淪為白色恐怖時期的建構法源之一。

白色恐怖綠島紀念園區國家人權博物館。（圖片來源：Photo AC）

人權紀念碑空間。（圖片來源：維基共享資源）

威權時代領袖的記憶：中正紀念堂

現在行經中山南路，會看到自由廣場的牌樓，但整座園區卻是紀念蔣中正。我還記得國中的時候曾經在此處參加「野百合學運」，那時候大學生們在廣場靜坐，希望解散「萬年國會」，由於台灣的民意代表都是在中國一九四九年選出，已經沒有代表性。

中正紀念堂現在的土地，在日治時期本來是軍用基地，中華民國政府接受台灣之後，將此地設為陸軍總司令部、聯勤總司令部和憲兵司令部。由於台北都市化的速度相當快，一九七〇年代行政院本來研議要在此處建立雙塔，設置旅館、百貨公司、世界貿易中心和住商混和大樓。

但一九七五年蔣中正總統去世，當時的行政院長，也是蔣中正的兒子蔣經國決定在市中心建造中正紀念堂。世界上大部分的民主國家都不會替總統蓋如此宏偉的紀念館，領袖紀念館是政治色彩最為明顯的紀念館，象徵著政治的霸權進入文化和社會教育的手段，向內表達威權的統治色彩，向外述說領袖的偉大事蹟。

蔣中正在台灣的任期從一九五〇年到一九七五年逝世，後由其子蔣經國繼承總統之位，堪稱威權的世襲統治。中正紀念堂的建造後來經過選圖，決定採用圓山大飯店的設計師楊卓成的設計，概念是結合南京的中山陵，從一九七七年十一月施工，在一九八〇年完成，是戒嚴時期完成的第二座領袖紀念館。

現在的自由廣場為瞻仰的起點，沿著兩百一十五公尺的中軸線，到紀念堂前走上象徵蔣中正年齡的八十九級階梯，到達銅像大廳向蔣中正致意，然後到下面參訪「永懷領袖文物展示室」，整個園區高達二十五萬平方公尺，除了高七十公尺的主建築之外，旁邊還有國家戲劇院和國家音樂廳。

設計中正紀念堂的時候，外表和在南京的中山陵一樣是以藍、白兩色為主，代表著國民黨徽中的「青天白日」，平面為方形格局，代表著蔣中正的「中正」。整體建築坐東面西，望著中國，象徵著蔣中正和國民黨政府的認同，主建築的琉璃八角，學習北京天壇，而台階中間有中華民國國徽的丹陛，以往只有在宮殿建築中使用。

結合傳統的建築語彙，嘗試在台灣建造一個威權領導人的紀念館，而且以中國的象徵強行烙印在台灣的土地上，正堂的天花板上有著大型的藻井設計，上面為青天白日十二道光芒的國徽，巨大的蔣中正銅像高達六點三公尺，重量超過二十公噸。

隨著台灣政治的鬆綁，蔣經國宣布解嚴，中正紀念堂象徵著威權統治的最大地景和建築物，很多反威權統治的抗議就在紀念堂前的廣場。台灣第一次政黨輪替，陳水扁總統將國立中正紀念堂管理處改為「國立台灣民主紀念館」，卸下牌樓上「大中至正」的字樣。

然而，在國民黨馬英九政府時期又改為中正紀念堂，到了蔡英文總統的時候，推動轉型正義，未來將會改成「反省威權歷史公園」，原本「永懷領袖文物展示室」改為「自由的靈魂VS.獨裁者——台灣言論自由之路」，透過原來的建築，將台灣人爭取民主之路與蔣介石的功過呈現出來。

從威權走向民主，一做領袖的紀念館標榜著個人的偉大功績，但民主社會裡，人民都是國家的主人，不需要英明的領袖帶領著我們。

關鍵詞

野百合學運

一九八〇年代末期開始，民主化就歷經劇烈變動。台灣經過解嚴、解除報禁和黨禁後，民間活力四起、各種社會運動蓬勃發展。一九九〇年台灣首次大規模的學生運動，數千名來自全國各地的大學生集結在今民主廣場上，提出「解散國民大會」、「廢除臨時條款」、「召開國是會議」和「政經改革時間表」等四大訴求，引起社會的同情支持；時任總統李登輝出面與學生承諾這些訴求、並在不久後召開國是會議、隨後於一九九一年廢除《動員戡亂時期臨時條款》、結束「萬年國會」的運作，使台灣走入民主化階段。

中山陵

中山陵位於江蘇省南京市中山風景名勝區小茅山南麓，是中華民國國父孫中山的陵墓，一九二五年三月十二日，孫中山在北京因膽囊癌逝世，逝世前一天，孫中山提出效仿列寧保留遺體，並要求葬於南京。一九二九年，國民政府在南京組成奉安委員會，開始進行安葬孫中山靈櫬的籌備工作，並於同年六月一日為「奉安日」，在奉安的時刻，獅子山炮台再鳴禮炮一〇一響，全國民眾默哀三分鐘致敬。

中正紀念堂。（圖片來源：Photo AC）

追求自由的記憶：殷海光故居

以前在台灣大學讀書的時候，經常到溫州街散步，看到以前哲學系教授殷海光的故居成為古蹟，讓人追思他追求自由的過程。水藍色的大門，看起來和一般台北公寓的木門沒有兩樣，裡面則是從日治時代繼承下來的房舍，後來經過殷海光修整，成為目前樸素人文的風景。

台灣現在的人民可以自由的選擇生活方式，政治上採取民主制度，每隔幾年就有大選，從總統到地方的議員，只要是中華民國的公民都可以擁有這些權利。然而，我們享有自由民主的生活也才大約三十年的時間，以前有很多的知識分子幫我們追求這樣的自由，台灣大學哲學系的教授殷海光先生就是其中之一。

殷海光先生民國五十八年就去世，生活在世上不到五十年的時間。但直到最近，不僅在台灣，香港和中國，還有海外華人圈，都繼續研究這位思想家的人生和著作。

殷海光出生於一九一九年，從小功課不是很好，有點任性頑皮。人生的轉機是高中的時候讀到《邏輯基本》，開始對於哲學產生濃厚的興趣，並且在大學時專攻西方哲學。

後來不僅在大學教書，而且常在報紙上發表文章。一九四九年隨著國民政府來台，由於殷海光的文筆很好，擔任當時最重要的報紙《中央日報》的主筆。殷海光對於當時的政府抨擊十分激烈，甚至指稱當局的部分人是「政治垃圾」。後來被迫離開《中央日報》，到台灣大學哲學系任教。

在台灣大學哲學系，殷海光主要開設的課程為「邏輯」、「科學哲學」，他相信哲學可以讓人有「批判性思考」和「獨立思考」的能力。殷海光不是學院當中的老學究，對於和現實無關的學術沒有興趣。他本人說過：「就純粹的學術來說，我絲毫沒有貢獻可言。」殷海光十分關心現實政治，並且透過著書立說，推廣他的想法。

殷海光相信「自由主義」，相信每個人都有基本人權，天生下來就有的。而且不只個人享有人權，他認為政治和思想都與「自由主義」息息相關，怎麼說呢？只有在政治自由的狀況下，才能保障每個人的基本人權。而且只有思想自由，才有可能保持政治上的自由。

殷海光所處的時代，台灣在獨裁的政權統治之下。一九四九年國民政府遷來台灣，積極地想要「反攻大陸」。治理台灣採取專制不民主的政策，不允許自由的發表意見，也不能直接選舉人民的領導人。殷海光認為民主制度是比較好的政治制度，因此政府當局將他視為眼中釘。

由於當時政治上是一黨專制，殷海光認為民主制度是政黨政治的競爭，因此在《自由中國》雜誌上批判當局，認為個人主義和科學方法才是現代國家重要的政策。他同時批判國民黨政府所推動的「反攻大陸」，認為不切實際。當時的政府派出很多的特務警察監視他，最後甚至不讓他在台大講課，剝奪言論自由。

遭到軟禁和監視的殷海光，為了要讓家人過著溫暖的生活，幫女兒建了一座游泳池，而且可以在院子當中抓蝴蝶、種玉米、烤肉、看星星。剛搬進來的時候，堆滿了垃圾，殷海光喜歡園藝，建造自己的理想空間，沿著自宅的地形，挖了一條小河，將泥土堆在院子中央，小山稱為「孤鳳山」，小河則是「愚公河」，自比身世」。

殷海光後來雖然抑鬱而終，但他所留下的思想遺產相當的龐大，相信自由民主是最好的政治制度，而且希望每個人都具有批判性的思考，保持堅定的意志和清晰的思想。

關鍵詞

「反攻大陸」政策

反攻大陸，又稱光復大陸、反共復國，是中華民國政府自一九四九年播遷台灣後至一九九〇年代前的軍事行動和政治主張，一九六〇年代初期成立了「國光計畫室」，研擬「國光計畫」，準備獨力進行反攻。國光計畫作為第二次國共內戰之後中華民國政府第一個真正意義上預定假想的大規模反攻作戰行動，該計畫企圖在金門向對面廈門開砲誘發雙方砲戰，數日後依靠中華民國海軍、空軍的戰術優勢渡海登陸對岸的福建沿海地區，爾後利用東南丘陵山地的複雜地形用以延緩遲滯中國人民解放軍的增援。但在「國光計畫室」成立時，中華民國陸海空三軍的實力難以在沒有美國出兵的情況下獨力反攻大陸，因此，時任總統蔣介石的「反攻大陸」政策，與其說是軍事政策，不如說是政治宣示和外交手段。

《自由中國》雜誌

《自由中國》是一本以擴展民主自由空間為宗旨的政治刊物，訴求民主、自由，是國民黨統治下少數的異議雜誌。雜誌最初的構想是在中華民國政府撤退來台之前，當時有一部分中國國民黨黨員和自由主義知識分子，認為要堅定反共合法性，就必須要有一宣揚自由民主的言論機關，因此胡適、雷震、杭立武、張佛泉等人，研議創辦《自由中國》雜誌。不久後中華民國政府退至台灣，《自由中國》雜誌無法在中國大陸地區發行，遂於一九四九年十一月在台北創辦，由胡適擔任發行人，主要編輯是雷震和殷海光，直到一九六〇年創辦人雷震被以叛亂罪下獄後，該雜誌就此停刊。

顛沛流離的歷史記憶：米干與異域故事館

小時候我住在桃園龍岡的忠貞市場旁，市場中充滿著各式各樣的香氣，還有來自雲南與緬甸的米干，當時很好奇為什麼有上百家的米干店聚集在此，後來才曉得與一段顛沛流離的歷史記憶有關。

台灣有很多眷村遺址，以前住著民國三十八年隨著國民政府來台灣的軍人及其家屬。但龍岡的外省移民和其他地方較為不同，他們退守到雲南，後來共軍繼續追擊，只好退守到緬甸和泰國的山區，就是所謂的「金三角」區域。

由於雲南和緬甸都是叢林和山區的環境，生活相當困苦，除了要躲避共軍，還有很多的傳染病，滇緬孤軍和家屬歷經了人間煉獄才來到台灣，作家柏楊曾經寫過《異域》一書將其中的故事寫下來，改拍成電影的主題曲〈亞細亞的孤兒〉也曾經傳誦大街小巷。

異域孤軍一開始還接受美國的援助，收復雲南的八個縣，但後來美國停止援助，而且緬甸政府向聯合國控訴，要求將軍隊移至台灣。從一九四九年到一九六一年，滇緬孤軍分成幾批撤台，眷屬主要安置在桃園的龍岡、龍潭的干城、高雄、屏東和清境農場。

忠貞市場旁的忠貞新村有最多的滇緬孤軍，現在則是大街小巷都賣著米干。以前的米干店都沒有招牌的，非常簡陋，只有散發出各式各樣的香氣，混和著香料的味道。

米干的原料是米，所以來台灣的米干很多都用在來米，製成米漿後，在圓盤上鋪漿再隔水蒸熟，米皮脫下之後掛到桿子上冷卻切成一條一條像麵的樣子。有些店家會用緬甸來的米製作，有些用手做，有些則用機器。

龍岡的米干比較有特色的像是「國旗屋」，原來矮小的房子外面掛滿了國旗，旗海飄揚，甚至附近桃園市政府規劃的「雲南文化公園」，沒有什麼雲南的文化，只有滿滿的國旗。如果不知道的人，還會以為雲南文化跟我們青天白日滿地紅的國旗有關係。

本來叫「九旺米干」為什麼改稱為「國旗屋」呢？在店內的介紹中，可以知道從民國三十五年到四十一年，老闆的父親在緬甸打游擊戰，隨身帶著一面母親縫製的國旗。後來到了忠貞新村，父親死後二十年，在遺物中發現那面有血跡的國旗，成為國旗屋的由來。

居住在忠貞市場附近的滇緬移民，透過彼此的連結，在二〇二三年成立了「異域故事館」，讓來吃米干的朋友同時可以了解異域孤軍的故事。從老的幼稚園改建，裡面的展覽空間透過陳設，講述雲南孤軍進入緬甸，再轉往泰北的過程。牆上展示的槍枝都是當時使用的武器。

戰爭一定有死傷，而且父母和小孩失散，或甚至家破人亡，故事館中的「滇緬遺子」傳遞了在逃亡過程被拋棄的小女孩，也象徵了戰爭的無情。最後的迴廊用機場登機走道作為象徵，異域故軍離開故土，前往台灣的時候也是另一塊陌生的土地，他們到了台灣也是流離失所。最後一區則豁然開朗，當異域孤軍來到台灣之後，落地生根，從居無定所到逐漸富足的環境。

台灣接納來自四面八方的人，他們每個人都帶著自己的故事，逐漸吸納融入我們的文化中。

關鍵詞

金三角

金三角泛指東南亞緬甸、泰國、寮國三國交接處大片區域，以洛克河與湄公河交匯處為中心，面積約二十萬平方公里，由於三國政府無意多事，加上毒梟占地為王，金三角成了名副其實的三不管地帶。而金三角這個名稱源於美國國務院官員馬歇爾·格林，在一九七一年一次有關鴉片貿易的新聞發布會上所提出，自一九五〇年代以來，金三角一直是世界上最大的鴉片產區之一，世界上大部分的海洛因都來自金三角。

❶、❷ 米干已成為桃園龍岡的特色美食。

❸ 原九旺米干，今國旗屋。

牛津學堂：台灣的馬偕記憶

新北淡水的真理大學裡，有一間中西合璧的建築，稱為「牛津學堂」，一座台灣教育和宗教史上的重要建築。由馬偕博士所設計和監工，展現了中西文化融合的理想。建築是台灣傳統的四合院，有兩進和兩護龍，正面有「凹壽」的前廊，但前檐有西式的「女兒牆」。屋頂是紅瓦的斜屋頂，但有著西式的氣窗。護龍的山牆有廟宇的泥塑鵝頭飾，其中的圖樣則是西方的波浪與船錨。

牛津學堂的建材，福杉和磚來自福建廈門，三合土採用的是糯米加石灰、烏糖汁搗製的台灣傳統建築方式。牛津學堂從馬偕以來，後來成為台灣神學院、淡江中學，以及後來真理大學的搖籃。以往作為教室、宿舍、圖書館和禮拜堂，現在被政府指定為二級古蹟，見證了一百五十年來台灣的馬偕記憶。

一八七〇年加拿大基督長老教會宣教師馬偕．偕叡理博士（Rev. Dr. George Leslie Mackay）剛從神學院畢業，離開了家鄉，來到台灣傳教。當時的台灣人，很少看到外國人，在路上行走根本就是異類，叫他：「黑鬚番」。

為了要順利傳教，馬偕知道要學好台語，才可以拉近跟教徒的距離，他白天常和農民、小孩聊天，晚上回去再把學到的字詞記錄下來，再用英華字典研究漢字，來到台灣五個月後，他學會了一些日常的對話，並且開始第一次的傳教。

馬偕簡單的跟大家說：「如何才能得救？」一開始大家完全不信，還嘲笑他，甚至把他製作的海報撕掉，但馬偕不氣餒，把這些視為神的考驗。後來有人開始來跟他討論宗教問題，馬偕用淺顯易懂的例子，還有中國思想當中的例子舉例，有些民眾被他說服，成為他的學生，並且開始傳道。

待在淡水的馬偕想要將傳教的事業擴大，開始在北台灣旅行，擴大傳教的範圍，途中也曾經受到民眾攻擊，馬偕仍然持續傳教，並且利用自己的醫療專業來獲得民眾的支持。

馬偕不只傳教，對於教育工作也相當重視，一八七三年第一批學徒受洗後，他開始規畫了一套訓練方式，並且在一八八二年建立校舍，為了感念家鄉加拿大安大略省牛津郡（Oxford County）居民的捐助，命名為Oxford College，中文的名字是理學堂大書院，教授的課程有：神學聖經道理、社會學的歷史、倫理、中國字部、中國歷史，自然科學的天文、地理、地質、植物、動物、礦物、解剖學及臨床實習等，從科學到人文，並且連貫中西學問。

現在的真理大學，是「北部台灣基督長老教會」為繼承馬偕博士對台灣文化、教育、醫療的功勞與貢獻，一九五九年決議在淡水「牛津學堂」的原址設立大學。先在一九六五年設立「私立淡水工商管理專科學校」，一九七一年改英文校名為Tamsui Oxford College。後來在一九九九年改名為「真理大學」。

馬偕從一開始在台灣受到排斥，將福音傳到台灣，並且在台灣開設學堂，後來還有醫院的設立，造福台灣民眾，從身體、智慧到心靈，我們都有著馬偕留下來的記憶。

關鍵詞

長老教會

長老教會是基督新教裡的一個宗派，源自十六世紀的蘇格蘭改革。長老教會是歸正宗裡的分支，其持守喀爾文主義，尤其是蘇格蘭教會基本完全延續著喀爾文主義。二十世紀以來，長老教會對普世教會合一運動有相當的參與。台灣基督長老教會則可追溯至一八六五年，英國長老教會宣教師馬雅各醫生來台，以及一八七二年加拿大長老教會宣教師馬偕牧師在北部所開展的宣教工作，至一九五一年召開會議議決成立今之台灣基督長老教會總會。

理學堂大書院。（圖片來源：Photo AC）

漢字的記憶：日星鑄字行

記憶中，小學就讀國父紀念館旁的光復國小，看到學校辦公室有一台像棋盤式的字盤，上面充滿著一個個鉛字，打字員奮力地尋找每個字，使手寫的字能夠轉化成一個個工整的印刷字體。

技術性的東西很容易被淘汰，當更加快速、更為便捷的工具問世，舊的技術很容易為人所忘記，電腦排版取代鉛字印刷也是如此。

然而，台北市太原路的巷子中，還有一家尚未被時代洪流所淹沒的鑄字行，保留早期的鉛字活版印刷。後火車站的太原路，仍保有早期台北街頭的感覺。小巷不起眼的樓房中，走進去成排的櫃子裝滿密密麻麻的鉛字。其中有超過十二萬個漢字，還有英文字體與常用符號。

在電腦文書處理的時代，過去的技術並不容易繼續為人們採用。活版印刷的原理其實很簡單，在鉛字上墨後轉印於紙上，和印章的原理相同。每本書中的每一頁由鉛字組合之後印刷，印完後拆解，重新熔鑄，可以重複使用於另一本書上。

《夢溪筆談》記載畢昇的泥活字印刷，說明活字印刷與以往雕版印刷的不同：

先設一鐵板，其上以松脂、蠟和紙灰之類冒之。欲印，則以一鐵範置鐵板上，乃密布字印。若止印三二本，未為簡易；若印數十百千本，則極為神速。

鑄字行的原理基本上與畢昇所發明的相同，只是採用的是鉛活字。鑄字先以三百度和三百六十度的高溫將鉛融化成鉛液，再覆蓋銅模，接著快速冷卻成銀白的鉛字。鉛字放在成排的架上，師傅必須按照書稿從成千上萬的字當中挑出所需的字，速度和精確性是工作必備的要求。

漢字的基本元素為筆畫，雖然每個字都方方正正不盡相同，但其中的組成元素並不多，變化有限，遵照一定的規律。德國海德堡大學雷德侯（Lothar Ledderose）教授以「模件」的角度加以觀察，抓住了中華文化中模件化和大規模生產的特性。

雷德侯教授所謂的「模件」，即是一個一個標準化的零件，零件每個都相同，但組合起來就可以創造出無窮的變化。「永」字的一點、一橫、一豎、一豎鉤和四種不同的斜向筆畫就像是標準化的零件。透過一個個零件構成無窮變化，乃是隱藏在漢字背後的文化訊息。

漢字文化的精髓在台北，中國大陸文化大革命後所保留的漢字殘缺不全。隔海的日本一千多年來由於中華文化的傳播，對於「漢字」文化相當尊重，甚至成立了漢字博物館，也有各式各樣的檢定和活動傳承「漢字」。

台北的漢字文化除了書法藝術外，鑄字行所傳承的文化也很重要。以往台北的鑄字行主要在萬華和後火車站，大型的鑄字廠還有上百名員工。隨著電腦發展出文書處理的系統，造成鑄字行大量倒閉。

二〇〇一年，台灣最大的中南鑄字行關門，宣告了一個時代的結束。日星鑄字行還留下來的原因，主要是對於舊時代的不捨和文字的眷戀與愛惜。現在的鑄字行雖然所扮演的角色不若以往，卻呈現了台北獨特的文化風采。

關鍵詞

簡體字在中國的發展

簡體字指在中華人民共和國漢字簡化過程中被簡化了的漢字，根據一九五〇年代中華人民共和國國務院公布的《漢字簡化方案》中的規則，把傳統中文中的一些漢字進行簡化、合併、改造、新創而來，以及蒐集在中國歷史文獻中已有的異體字、俗字、潦草字、書法連寫、書法簡寫、古字而來的。因為後來又出現了第二次漢字簡化方案，所以這次改革方案又稱為第一次漢字簡化方案。其後由一九八六年的《簡化字總表》取代。

漢字博物館

漢字博物館位於京都市東山區，建於二〇一一年閉校的「京都市立元彌榮國中」舊址上，博物館以展示每年年末發表「代表今年的漢字」的設施而聞名，並以「打造面向世界廣泛宣傳日本漢字文化的設施」為目標，透過接觸影像、圖像設計及資料等各項體驗設備，讓大眾能從各種角度學習「漢字」。

❶ 日星鑄字行。

❷、❸ 日星鑄字行內成排的鉛字。

台灣文學的記憶：鍾肇政文學館

走進客家聚落龍潭，在龍元宮的商圈，旁邊還有傳統市場，採買三餐和生活用品的人來來往往。有「台灣文學之母」之稱的鍾肇政先生在龍元宮附近的龍潭國小教了三十五年的書，在旁邊的宿舍住了十二年，一九六七年之後還是住在附近。

鍾肇政被尊稱為「台灣文學之母」，於二〇二〇年五月十六日以高齡九十六歲辭世。什麼是「台灣文學」？用中文寫作嗎？或是要用台語、客家語或是原住民語寫作呢？身在這塊土地上的人，認同台灣，以台灣為主體而寫出來的文學，不管是什麼語言，應該都是「台灣文學」？

鍾肇政先生就是「台灣文學」的領航者，生活過不同的時代，從日本到戰後的戒嚴時代，再經歷過台灣走向民主化。出生於龍潭，父親是小學教師，幼年隨著父親在北部不同的地方住過。鍾肇政家裡有十個姊妹，排行第六，只有他是男孩。日本統治末期，台灣人也加入了戰爭的行列。鍾肇政在彰化青年師範學校就讀的期間入伍，戰爭期間染上瘧疾，服用奎寧的關係，有著「重聽」的後遺症。

從日治時代走向戰後，台灣在一九四五年換成了國民黨來統治。本來官方語言日文，變成了中文。鍾肇政在二次世界大戰之後，秉持著對於文學的熱愛，考上了台大中文系。但是由於重聽，加上當時台大中文系的老師說北京話有很濃厚的鄉音，完全聽不懂，只好輟學，回到龍潭長期擔任小學的教師。

擔任小學教師的同時，由於以往受過的教育都是日文，對於中文的創作相當陌生，開始認真的學習中文。透過大量的閱讀和練習，鍾肇政用中文創作。鍾肇政生活過不同的時代，知道台灣人的悲哀，不同的政權就要學習不同的語言和文字，所以他要寫屬於這塊土地的文學，屬於台灣人的文學。

從一九六〇年代開始，鍾肇政開始寫長篇小說，一寫就是百萬字。寫了「濁流三部曲」，其中包含：《濁流》、《江山萬里》和《流雲》；接著又寫了「台灣人三部曲」，其中包含：《沉淪》、《插天山之歌》和《滄溟行》。台灣人歷經了不同政權的統治，鍾肇政用長篇的小說將台灣人的命運寫下來。

由於二次世界大戰之後，國民黨長期統治台灣，用戒嚴令限制台灣的文化和自由，並且用「大中國」的思想教育台灣人。但是鍾肇政仍然追求台灣人的主體性，想要寫出台灣人在不同政權下的掙扎與認同，最後成為台灣人的過程。

除了大量的文學創作，鍾肇政先生體認到台灣文學要成為台灣人的靈魂，需要更多人的參與。但這在戒嚴時代的台灣，是被大中國思想的國民黨政府所限制，鍾肇政先生只能透過個人的力量，結合大量台灣文學的同好，提攜後進，讓台灣文學的香火不至於消失。

台灣民主化之後，鍾肇政先生長期以來對於台灣文學的貢獻終於被看見。台灣人長期處於不同政權的統治下，在不同的語言和文化中掙扎。鍾肇政先生辛苦卓絕的透過自己的努力，讓台灣人看到自己文學和文化的精彩之處。

從二〇一二年開始，歷史建築龍潭國小日式宿舍群和龍潭武德殿，透過調查和研究，從二〇一五年定名為「鍾肇政文學生活園區」，不只是保存日式宿舍，而是以鍾肇政的文學為園區的發展核心，透過文學和龍潭相互結合，伴隨著附近的商圈和客家文化旅行，增進台灣文學與土地之間的記憶連結。

關鍵詞

「台灣新文學之父」

賴和，本名賴癸河，一名賴河，出生彰化，一生剛好橫跨日本殖民台灣五十年，受到五四運動與其他傳入台灣與中國的歐美思想等影響，致力於台灣新文學運動、日本殖民統治的反對運動、台灣社會風俗改革的倡議等社會運動。其文學作品採「寫實主義」的手法，啟蒙、左翼、抵抗性、反殖民、本土——皆可從賴和的文學中窺見其身影，作品洋溢著民族情感與人道主義，因此被譽為「台灣新文學之父」。

台灣文學系的成立

一九八七年解嚴後，台灣本土的歷史、文化與文學百花齊放，在本土化潮流下，全台陸續增設台文系／所，希望以台灣為主體，思考人文歷史領域的更多可能性。而台文系的出現，最早可追溯至一九九七年的真理大學，而成功大學，則是全台第一間擁有「台文系／所」完整編制的大學，於二〇〇二年創立大學部。爾後，台文系／所陸續開枝散葉，如清華大學、靜宜大學、台灣師範大學等，目前全台共有十六所大學擁有台文系／所。

❶、❷ 鍾肇政文學生活園區。（圖片來源：蔡濟民）

❸ 園區內重現鍾肇政書房一隅。（圖片來源：蔡濟民）

國寶的記憶：故宮博物院

位於外雙溪的故宮博物院是很多來台灣旅行的觀光客必定造訪的博物館，而且是全世界前五名藏品最為豐富的博物館，但它的身世卻相當的特別，與台灣、中國之間的政治有很密切的關係。

故宮博物館的文物本來是清代宮廷的收藏，一九二五年的國慶日北洋政府組織了「清室善後委員會」，在原來的紫禁城上掛了「故宮博物院」，讓故宮的藏品成為國家的財產。後來在中日戰爭曾經遷徙到南方，一九四七年國共內戰的時候，蔣介石政權知道大陸即將喪失，揀選了最為精華的文物六百箱到台灣。

本來美國政府要放棄蔣介石政權，但韓戰之後台灣的地位相當重要，不能再讓共產黨吞噬。美國開始支持蔣介石政府，而且除了政權上的正統，也是文化上的正統中國，所以用美援支持故宮博物院的建立。

一九五九年國民黨政府決定在台灣的外雙溪興建故宮博物院，由建築師黃寶瑜所提出的宮殿式建築得到青睞，從中央園林、博物館正館的建築和儲藏文物的山洞，採用以往宮殿中軸的對稱格局，進去的五開間排樓模仿北平午門的意向，想將北平的故宮在數千公里外的台北複製。

由於一九六四年法國和中國政權建交，蔣介石政權感到國際情勢的不穩，再加上一九六六年中國的文化大革命，全面批判中國傳統文化，在台灣故宮博物院的這批古物象徵著中華文化幾千來的藝術結晶，擁有和保存就成為「正統中國」的象徵，蔣介石政府透過「中華文化復興運動」，將故宮的文物神聖到代表著國族文化的靈魂，藉以作為中國正統的象徵繼續生存下去。

> 經歷五千年的華夏文化……閃爍著它奪目的光采。在這一富麗堂皇的建築裡，滿列著國立故宮博物院珍藏的無價的瑰寶。在日本，有一座明治神宮，在美國紐約港外，有一座自由神，在法國巴黎，有一座羅浮宮……而我們這裡，這一座大廈，為中華民族的文化鬥士們，樹起了一個精神的標竿。

一九六七年一月一日的《中央日報》可以看到故宮博物院象徵著五千年的華夏文化，然而，隨著台灣民主化之後，開始思索自身的歷史和中華文化的關係，故宮博物院也就成為了不同意識形態爭論的焦點。

二〇〇〇年總統大選由支持台灣獨立的陳水扁當選總統，後來任命新任的故宮院長杜正勝，當時發表〈故宮願景：致故宮博物院同仁的一封信〉，明確指出：「故宮博物院的典藏要不要擴大範圍？我傾向於在原有的中華文物基礎上加以擴大，一方面加強台灣本土文物的收藏，一方面則延伸到世界文物，以期構成一個多元文化的博物館。」

杜正勝院長嘗試將故宮從中華大一統的格局中抽離，如果我們思考台灣這塊島嶼的歷史，也可以發現中華文化只是台灣文化的一部分，而且台灣不代表「中國正統」，強調華夏意識形態只是蔣介石政權想要維持統治合法性的工具，當台灣開始認識自己多元族群的歷史，故宮博物院只是構成台灣文化的一塊拼圖。

關鍵詞

中華文化復興運動

中華文化復興運動是中華民國政府以復興中華文化為目的而開展的思想文化運動，為反制中共發動文化大革命對中華文化的摧殘，民國五十五年十一月十二日推動「中華文化復興運動」之議，中華文化復興運動推行委員會（簡稱文復會）即因此於民國五十六年七月二十八日成立，以先總統蔣中正先生為會長，發揚傳統中華文化與倫理道德為宗旨，鼓勵公私立文化學術機構從思想上、學術上宏揚中華優良文化，並推行各項深入民間的文化建設與活動。

❶ 國立故宮博物院（北部院區）。（圖片來源：Photo AC）

❷ 國立故宮博物院（南部院區）。（圖片來源：國立故宮博物院南部院區）

南港的中國歷史記憶

我走下階梯，彷彿走入一座巨大的墓室，那是一條通往三千年前的時光階梯，可以穿越到商代的隧道。

台北的這條時光隧道很少人知道，也不容易親近和找到。那是位在台北市東邊，南港接近汐止，觀光客或一般台北市民很少會走到的研究院路。

研究院路二段有著中華民國最高的研究機關中央研究院，其中有幾十個研究所，歷史語言研究所藏著不少由中國大陸所帶來的珍稀寶物。學生時代我曾經在中央研究院待過，也在歷史語言研究所工作過一段時間，其中的學者啟蒙著我的知識。

如果外國遊客要來台北，很多人會推薦外雙溪的故宮博物院，可在此了解中華文物的精髓和瑰寶。然而，很少人知道歷史語言研究所也藏著相當重要的中華文物，而且故宮博物院與歷史語言研究所一開始有著很深的淵源。

歷史語言研究所隸屬於中央研究院，最初於一九二八年在廣州成立，後來遷到北平、上海、南京。中日戰爭時，遷到湖南長沙、雲南昆明和四川李庄。歷史語言研究所的第一任所長傅斯年，也是後來台灣大學的校長，認為歷史研究不僅要研究紙上的文獻，還要實際調查和尋找任何和歷史有關的物品與資料。

傅斯年曾說：「我們不是讀書人，我們只是上窮碧落下黃泉，動手動腳找東西。」要蒐羅所有的東西來研究歷史。一九二八年，傅斯年開始在河南安陽進行大規模的考古發掘，尋找到了距今約三千年前商代晚期的都城，開挖了十一座商王大墓和一千三百餘座小墓，找尋到大量的文物。

當初商王大墓的文物跟著歷史語言研究所在中國大陸流浪，這批文物跨越了大江南北，最後來到台灣，本來還放在桃園楊梅，最後中央研究院遷址於台北南港，總算有了長遠的居所。

相較於故宮博物院聞名世界，中央研究院歷史文物陳列館則顯得較沒名氣。但一開始兩間博物館都有個共同的起源，故宮博物院的前身中央博物院，也是委託歷史語言研究所的研究員加以籌備。當初傅斯年的想法認為博物館就是要教育民眾，提升國民的素質與文化。

中央博物院後來在一九六五年成為現在的故宮博物院，然而中央研究院歷史語言研究所的歷史文物陳列館仍保有神祕色彩。或許因為地處台北邊緣的南港，再加上一般人很難走入中央研究院，所以完全不知道其中藏著中華文化的重要文物。

二○○二年在歷史語言研究所的努力下，重新布置建築空間，並且將所內重要的文物向大眾公開。歷史文物陳列館中重要的文物，包含當初傅斯年挖掘殷墟中的家國重器，除此之外，最近清宮劇大為流行，館中還有明清皇帝的重要內閣檔案，可以真實了解以前皇帝在做什麼。

中央研究院現在每年都有開放院區的時間，歷史文物陳列館每週三、六、日也開放民眾參觀，並設有幼兒區，將館中的文物製作成益智玩具，讓小朋友也可以親近文物。我家的小朋友一直對以商王大墓挖掘出來的文物所創作而成的積木愛不釋手，每到假日時便嚷著要到歷史文物陳列館玩。

台北這個城市的身世相當豐富，可以探索台灣的過去，也蘊藏著重要的中華文物，訴說著中國歷史。

關鍵詞

中央研究院

一九二七年，第七十四次中國國民黨中央政治會議在南京舉行，李石曾（煜瀛）提出設立中央研究院案，推舉李石曾、蔡元培（孑民）、張人傑（靜江）共同起草中研院組織法。一九二八年中央研究院成立，其任務包括人文及科學研究，指導、聯絡及獎勵學術研究，培養高級學術研究人才，並兼有科學與人文之研究。一九五四年，經時任院長朱家驊多方奔走，中央研究院在台北南港現址營建院區。

殷墟

殷墟位於河南安陽小屯村一帶，是商代晚期最後一個都城，歷經兩百餘年。殷商王朝滅亡後，殷都成了廢墟，湮埋於地下。民國十七至二十六年間，中央研究院歷史語言研究所在河南安陽的殷墟遺址，一共進行了十五次發掘。在洹河北岸的西北岡高地，共發掘出十座大墓與一千兩百餘座小墓，南岸的小屯村，則挖掘出三組排列規整的建築遺址，讓後代世人得以一窺商王的葬制與殉埋情形、商代祭政合一的國家體制，以及商代車馬坑中兵陣布排等情形。

歷史文物陳列館

❶ 中央研究院歷史語言研究所歷史文物陳列館。
❷ 西元前14世紀石虎首人形跪姿立雕。
❸ 牛方鼎。

國門的記憶：桃園機場

現在的國際旅行主要靠飛機，以前在日治時代雖然有環島的航班，只有少部分的民眾可以搭飛機，飛機主要用作軍事用途，太平洋戰爭爆發後，為了運兵的需求，在台灣開設了超過七十座軍用機場。

昭和七年（一九三二）總督府開始在台北規畫「台北飛行場」，後來陸續擴充，第二次世界大戰之後，各地機場仍然收歸軍方使用，只有台北松山機場可以作為民用，當時只有台北─上海的航班。

國民政府來到台灣之後，松山機場同時具有軍用和民用的功能，由於航運的上升，加上大型客機需要長度夠長的跑道，松山機場在台北市區無法擴建，需要有一個廣大腹地但又不能離台北太遠的地方。

民國五十六年民航局開始調查北部能夠設立國際機場的地方，選了林口、八德、龍潭和桃園空軍基地四處。然而，由於林口北方有觀音山脈，起降困難，八德、龍潭鄰近丘陵地，都不適合作為機場的用地。

桃園的大園鄉靠近海邊，又是平原，附近大部分是農田，土地收購的費用較為低廉，民國五十八年拍板定案在大園興建新的機場，美國也派遣工程顧問公司加以設計。新建的機場需要一千兩百公頃的土地，除了要徵收土地，還要將原來的居民加以遷出。

機場規模龐大，當時在東亞屬於最大的機場建築，後來在民國六十二年，行政院長蔣經國列為「十大建設」的工程之一，由於興建的過程中遭遇到兩次的石油危機，在原物料上漲的情況下，除了國內的經濟蕭條，也讓工程費用增加，後來終於在民國六十八年完成系統測試，在二月舉行啟航儀式。

從台灣的發展來說，桃園機場完成後，有了交通的大動脈，大家出國與回國的記憶都與此地聯繫，親人的送別與迎接回國，還有遊子和觀光客的快樂記憶，都由此開始與結束。

從當地的發展來說，大園本來是一個濱海的漁村，經濟以農業為主，水圳、埤塘與農田是當地重要的生活場景，由於桃園機場的建設，世世代代在此生活的農民們被迫遷出，很多務農的民眾轉而到工廠或是公司上班，生活形態由此改變。

除了機場以外，還有相關的貨運站、空中廚房等設施，都讓附近的景觀產生了變化，另外因應機場的建設，還有配合的道路系統，連結南崁交流道與中山高速公路連接，後來又延伸到與福爾摩沙高速公路連結，相關的道路系統，改變了桃園以往的城市結構。

因為道路系統的延伸，台北都會區的房價高漲，無法負擔過高房價的民眾便到南崁、蘆竹一帶置產，南崁新市鎮成為桃園新興發展的社區，人口增加超過二十萬人，相關的大型購物中心、商場都隨之而起，宛如一座新的城市。

航空業相關的機師、空姐，或是物流業的從業人員，由於和機場毗鄰，也都在此置產，成為「國門之都」的新住民。本來啟用時稱為「中正機場」（Chiang Kai-shek International Airport；通稱中正機場），為了去除威權的象徵，在二〇〇六年改為「台灣桃園機場」，但國際上的航空代碼仍然是TPE，為Taipei的簡寫，讓外籍旅客不會搞混。

關鍵詞

十大建設

十大建設指的是台灣在一九六五年經濟起飛後，為配合基礎建設革新而推動的一系列國家大型建設，由時任行政院長蔣經國在一九七三年提出。其中項目包含南北高速公路（中山高速公路）、中正國際機場（今桃園國際機場）、鐵路電氣化、北迴鐵路、台中港、蘇澳港、高雄造船廠、大煉鋼廠（中國鋼鐵公司）、石油化學工業、第一核能發電廠，主要為改善交通建設，其次是重化工業發展，並在一九七九年大致修建完成。

桃園國際機場。（圖片來源：毛貓大少爺）

台灣省的記憶：中興新村

一九九四年的時候我十五歲，當時已經是高一的學生，看到當時省長的選舉，國民黨和民主進步黨的不同候選人都提到省長的選舉是「四百年來第一次」台灣人當家作主的機會。然而，後來選上省長的宋楚瑜先生只當了一任，因為後來的總統李登輝先生因為中央政府和台灣省政府之間的業務太多重疊，無須再多一個層級的機構，推動「凍省」。

我還記得小時候每次回南投外婆家的時候，經過草屯的中興新村台灣省政府，當時覺得是一座修葺很好的花園，有洋房、有花草植栽，林木扶疏，環境相當清幽，我才知道是課本當中所學的中興新村，就是台灣省政府。

國民政府在一九四五年接受台灣的時候，台北沿襲日治時期，是最高行政機關的所在地，從「台灣總督府」轉變為「台灣省行政長官公署」。

二二八事件之後，由於行政長官公署的失職，遭到撤除，後來以「台灣省政府」作為本島的最高行政機關。然而，一九四九年國民黨政府在中國內戰的失利，遷徙到台灣，中央政府和台灣省政府的辦公機關都在台北。

然而，中華民國的中央基本上和台灣省政府的範圍差不多大，在當時想要反共大陸的狀況下，還沒有產生太大的問題，省政府當時接受中央的計畫，為「防空疏散總準備」，提前將空襲疏散做好。

當時負責的是台灣省秘書長謝東閔，在回憶錄中提到相關的指示：（一）需在台灣中部，（二）需靠近山邊，（三）需在縱貫鐵路以東處，（四）需盡量避用民地，（五）需能就近指揮台中港、大雪山之建設，以均衡南北部之發展。

綜合考量之下，決定遷往霧峰和中興新村兩地，為了進行全盤性的評估和人員的轉移，台灣省政府成立了「疏散規畫審查小組」，由省府祕書長謝東閔為召集人，小組委員由省府各單位首長擔任，分設規畫、財務、審核、工程、交通、土地、配備等七個組別。

中興新村當時的規畫引進了西方田園城市的規畫理念，民國四十三年，參考英國的田園城市，仿效英國戰後新市鎮的開發與規畫新鎮計畫的實踐，引進當時最先進的衛生工程，規畫大面積的綠地、公園，並且具有完善的公共設施。

新市鎮的造鎮計畫透過極權政府的公權力，並且考慮到當時的戰爭體制，將行政機能疏遷至台灣中部。後來台灣省政府公告各級政府寄送公文時，寫明寄至「南投中興新村」。台灣省作為國民黨政府「中興復國」的所在，經營台灣就是未來歷史上「少康中興」的示範基地。

新的市鎮在規畫道路的時候，從路名就可以看到強烈的中華民國復國思想的意識，像是：中山路、中正路、中華路、成功路、建國路、銘傳路、陽明路等。本來省政府主席由中央派任，戒嚴之後推動民選，在一九九四年由國民黨籍的宋楚瑜當選。

媒體說夾著強大民意的省長會造成「葉爾欽效應」，肇因於蘇維埃聯邦的垮台是因為俄羅斯總統的權力太大，會影響整個聯邦的統治。一九九七年中央政府開始推動「台灣省政府功能業務與組織調整」，目的是要將「台灣省虛級化」，將整體的權力集中於中央政府。

一九九九年的九二一大地震有五個廳處的大樓全數倒塌，民政廳、財政廳、主計處以及社會處合署辦公廳的大樓在這一次的災難中物理性的消失了，地震彷彿帶走了一個時代的記憶，讓中興新村，一個復國中興無望的台灣省記憶消失了。

關鍵詞

田園城市

田園城市也稱為花園都市或田園都市，是英國都市學家、社會活動家埃比尼澤·霍華德爵士（Ebenezer Howard）提出的概念，將人類社區包圍於田地或花園的區域之中，平衡住宅、工業和農業區域比例的一種都市計畫。霍華德的田園城市概念結合了都市和鄉村，以冀望為工人階級提供在農場或「擁擠、不健康的都市」以外工作的選擇。現今世界上存在大量的花園都市，但是僅僅以居民生活的區域進行設計，意義上並未確切落實霍華德爵士平衡住宅、工業和農業的思想。

宋楚瑜

中華民國政治人物，現任親民黨主席，曾任行政院新聞局局長、國民黨秘書長、台灣省政府主席、中華民國台灣省省長、台北市政府首席市政顧問。一九七四年，政府推行國語政策，導致許多民俗活動，如歌仔戲、布袋戲等，在電視上幾近消失，但宋楚瑜擔任新聞局長後，主動將布袋戲解禁，讓這項國寶民俗得以繼續出現在大眾的視野。此外，他在政壇上也創下二十多年來五度參選，四次選總統，一次選副總統的紀錄，可謂為台灣總統選舉史上的傳奇。

中興新村。

水文與人文的記憶：桃園大圳

從飛機上準備降落，飛機在桃園的上空盤旋，往下鳥瞰，一點一點的埤塘在地面上，有時候太陽的光線閃耀在湖面，映照出美麗的風景。

桃園沖積扇的上游曾發生過河川劫奪現象，南崁溪的中上游位於以前的台北盆地，由於淡水河的侵蝕，本區的河川都被截成斷頭河。水文環境改變後，本區的水源成為一個大問題，也是讓桃園後來成為埤塘之鄉的原因。

什麼是陂塘呢？「陂」指的是「在高處鑿窪，瀦蓄雨水，寬狹無定，留以備旱。」簡單的說就是為了防旱的小型水利設施，桃園目前有兩千八百口埤塘，一百多年前有超過萬口。從十八世紀開始，來自福建、廣東各地的漢人移民，利用台地的地形，挖築大量的埤塘加以蓄水。

從地形來看，桃園台地的地勢以石門為中心，漸次降低，以前來台地的拓墾者懂得利用天然的地勢，在高處挖陂塘，田地位於下方以達到灌溉的功效。然而，由於地形的關係，此區有很多的小坑，水量不足，像客家話的「壢」就是坑的意思。

桃園台地的溪流除了大漢溪進入台北盆地之外，其他都平行切割台地而流入台灣海峽。降雨主要在夏季，陂塘的功用除了蓄水，也防止突然的暴雨，作為防洪之用。陂圳的設置是為了連接不同的陂塘以達到灌溉之效，清代和日治時代早期的陂圳都是私人的小型水利設施。

日本統治台灣以後，為了將台灣變成農業的生產基地，所以認真思考灌溉的用水，在全台調查設置陂圳的地方。因為一九一三年的大旱，兩年之後官設桃園大圳的計畫擬訂，取大嵙崁溪上游的溪水，在石門的岩壁上鑿進水井和飲水閘門，幹線有二十五點三公里、支線一百一十四點七公里，蓄水池進水線長一百四十六公里，本來計畫灌溉面積是兩萬兩千甲，後來超過兩萬三千甲。

桃園大圳除了興建官舍埤圳，還有保留原來的舊埤塘，另外還利用了迴歸水，由於桃園台地較陡，攔截流失的水，將之再導入作為灌溉之用，增加水源的使用。

一九二八年完成桃園大圳工程後，本來桃園很多的旱田要看天吃飯，但穩定的水源讓水田的面積增加。由於水資源的豐沛，農民作物的選擇性就大，可以按照市場的價格決定種作的植物，而且也讓農民的收入變高。

一九六四年完工的石門水庫與隨之建成的石門大圳，整合南區的埤塘及古圳路，桃園和石門兩條大圳系統的埤塘約有七百口，水源來自降雨及水庫，總蓄水量可達石門水庫的四分之一，可以說兼具灌溉和防洪的效果。

隨著都市的發展，桃園的人口增加，而且成為首都的生活圈，也是國門之都。以往連結了埤塘的大圳，田園景觀結合水圳，應該可以成為都市的景觀和埤塘公園，調節著城市的生活步調，然而，現在很多地方都成了住宅或是工廠，破壞了原來的環境。

近來透過中原大學的社會責任計畫，陳其澎教授將埤塘、學校和社區連結在一起，讓生態環境和都市的發展結合，可以了解桃園城市發展長期以來的軌跡和記憶。

關鍵詞

桃園大圳

桃園大圳原稱八塊厝中壢附近埤圳，為台灣日治時期重要水利工程之一，也是北台灣第一大水圳系統，由總督府日籍韓裔的技師張令紀設計，興建幹線及十二條支線串連埤塘。一九一三年桃園發生嚴重旱災，為因應儲水需求，桃園大圳工程於一九一六年十一月開工，歷經八年施工，於一九二四年完成導水路及幹線、支分線工程，於同年五月二十六日通水，至此後，桃園的農產量以倍數成長，因此大圳對於桃園地區的農業發展，具有非常重大的價值和貢獻。

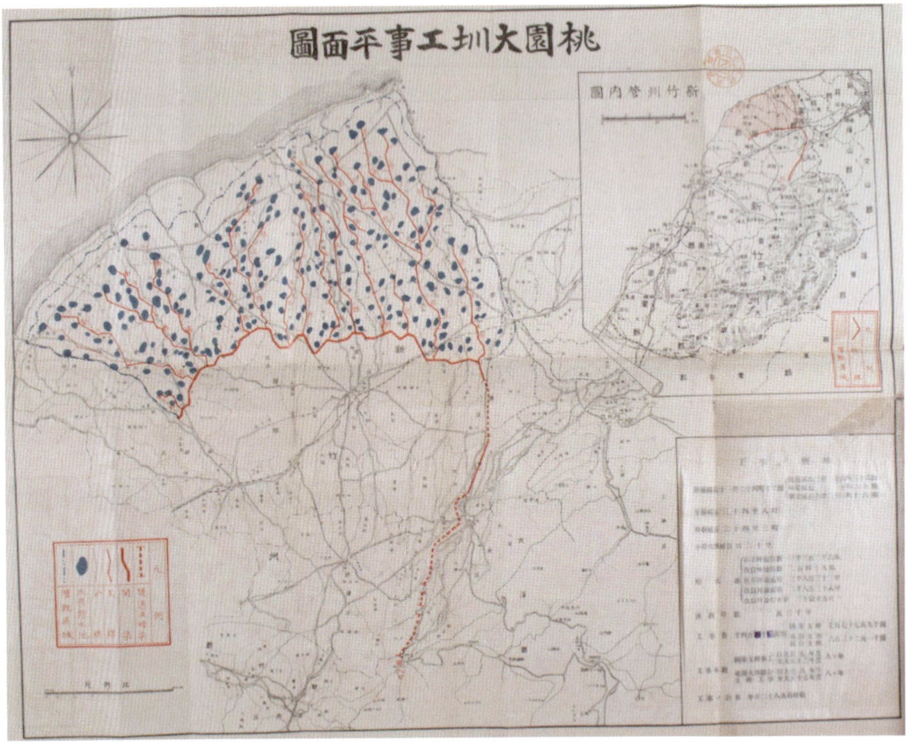

桃園大圳工事平面圖。（圖片來源：維基共享資源）

台灣大家族的記憶：霧峰林家宮保地

霧峰林家宮保地的董事長林俊明，眉飛色舞且口若懸河的跟我們介紹宮保地，他說：「這整座建築就是建築的博物館。」林家花園與宅邸的建築群可分為頂厝、下厝、萊園三大部分，下厝的宮保第園區，修復了台灣僅存的清代一品官宅「宮保第」、福州式戲台「大花廳」，以及代表起家厝的三合院草屋「草厝」。

以前有所謂的台灣五大家族，而台中的林家最為傳奇，「宮保第」由林文察（一八二八—一八六四）在咸豐八年（一八五八）首建，現存第三進及左右內外護龍，由於他帶領台灣人前往漳州攻打太平天國，後戰死於萬松關，在同治三年（一八六四）獲詔追封（太子少保），始稱宮保第。

林家的開台祖可以追到乾隆十一年（一七四六）的林石，但現在稱的霧峰林家主要是下厝體系的林文察、林文明、林朝棟、林祖密，用軍功發揮其影響力，協助平定太平天國、戴潮春事件，並且參與中法戰爭，控制了數千名的兵勇，政府給予樟腦專賣而致富；後期則是由頂厝體系林文欽、林獻堂及其堂兄弟為主，擅長經商，並且在日治時期支持藝文和社會運動。

現在仍看得到的「草厝」，是林家的起家厝，由正身和護龍組成的三合院草屋，並且有穀倉和門樓，興建於道光十七年（一八三七），是早期霧峰林家的生活空間。宮保地的建築左右對襯，五進十一開間，第一落與第二落門廳為林朝棟於同治九年（一八七〇）至光緒九年（一八八三）增建而成，後來隨著人丁增加，一直增加到五進。

從宮保地的建築可以看到屋頂正脊的裝飾常見的有馬背（馬鞍脊）和燕尾脊，燕尾脊一般只能在官方建築或官宦人家才能使用，燕尾兩端高聳翹起，有如鳥兒振翅高飛。

大花廳建築來自福州，但華美裝飾的戲台和觀眾席在台灣絕無僅有，木頭採用稀少的台灣檜木，戲台的屋頂和梁柱的雕飾都有典故，象徵富貴長壽吉祥，且雕工細緻，都是最厲害的匠師的作品。

以往男女之間有界限，戲台分成貴賓席、男眷、女眷、左鄰右舍觀賞區等不同包廂。家族的長輩坐在正廳，按照男女和年齡，不同身分有不同的座席，左右護龍還有一般觀眾席，結婚或是祝壽都會演戲慶祝。

維護老建築不容易，大花廳等建築群於一九九九年九二一地震遭重創，大花廳全倒、整個園區幾乎八成建築倒塌，很多重要文物也在瓦礫堆下。幸好建築圖仍留存，才有機會重建。霧峰林宅總體面積約一萬一千平方公尺，包含下厝系統、頂厝系統及萊園三部分，在各代子孫的增修下，發展為全台最完整、最龐大、最精緻的建築群，堪稱台灣建築的活字典。

宮保第園區重新開放後，除了文化傳承，也有重要的觀光景點，又開發出很多文化創意的產品，結合當地的文化特色，並且在夜間開放，可夜訪林家。超過兩百年的林家，連結著台灣與中國的記憶，也是台中在地的大家族，與台灣歷史和文化緊密連結的記憶。

關鍵詞

戴潮春事件

戴潮春事件發生於一八六二年，起因乃官府取締天地會，當時台灣兵備道孔昭慈對八卦會進行清剿，捕殺會黨成員，不少會眾趁勢作亂，天地會首領戴潮春無力約束下屬，只好順應起事。至一八六四年，清廷才將此事件平定，屬於清帝國時期歷經最久的抗官事件，影響範圍北至大甲，南至嘉義，遍布台灣西部地區。

霧峰林家宮保第園區。（圖片來源：Photo AC）

疾病和人權的記憶：樂生療養院

我讀完碩士後的那兩年，台灣已經進入民主化時代，人民可以直選總統，大部分上街頭的議題都跟政治選舉有關，但我記得二〇〇七年由於樂生療養院的保存運動意外的引起社會大眾的注意，四月十五日的大遊行更有將近五千人走上街頭。

會引起抗爭的原因在於一九三〇年建於新莊迴龍的樂生療養院，收容漢生病患，一九六五年時收容人數曾經高達一千一百一十八名，在一九九〇年代中期還有四百多名。由於捷運機廠開始動工，原有的建築部分拆除，後來很多公民團體介入，從原本的保護舊建築的文化資產運動，成為一場反思公民權利、疾病與人權和歷史正義的多層次意涵的運動。

「漢生病」俗稱「痲瘋病」，又稱作痲瘋、麻瘋、癩病、癘風等，實際傳染力不高，也不會直接致死，但因痲瘋桿菌侵入人體後，導致容貌、肢體潰爛變形，讓社會大眾十分害怕，患者經常被隔離、驅逐，或慘遭殺害。

生院在一九二七年（昭和二年）的時候，由當時的台灣總督上山滿之進提議興建，最後選擇在台北州新莊街頂坡角興建，一九三〇年正式開院。樂生療養院主要收容的是癩病的病患，癩病由於會造成病患外表的傷害，所以被視為有礙觀瞻，當日本進入「文明」國家之後，決定要將他們收容，以免他們傳染，或影響市容，在台灣建立樂生院的目的也是要消滅癩病，讓日本成為一個文明國家。

當時由地方醫院和警察機關呈報，病患有兩種命運，在警察機關的監督下，送到樂生院，在院中終老一生，或是要等到沒有傳染疑慮的時候，才能回家，並且透過宣導「癩病是傳染病以隔離為第一，癩病是國家的恥辱。」、「一人患癩萬人擔憂」，雖然在樂生療養院可以維持基本的生活，但進去之後就有如進入監獄一樣，長期與社會隔離，也有不少人嘗試脫逃。

癩病的治療要在一九四三年出現Dapsone有效的控制痲瘋桿菌，使癩病不再是無法治癒的疾病。由於有治癒的可能，原本強制隔離的手段就成為暫時隔離有傳染性的病人。然而，社會長期對於癩病的歧視，使得出院的病人也無法找到足以謀生的工作，有不少人都再度回到療養院。

國民政府來台之後，院名改為「台灣省立樂生療養院」，當時從中國來的部隊中有不少癩病的病患，將之安置於其中，院內人數也增加。但後來Promin藥物的使用，讓治療手法從強制隔離轉換到開放性的門診治療，或是有條件的隔離。雖然有藥物可以治療，但即使是院內的醫護人員為了避免感染癩病，穿上所謂的「太空裝」，進去院區或出院都要消毒，讓病人感到自卑。

由於人權意識的高漲，國家如何對待遭到長期隔離的病患，即使已經治癒，由於他們高度的仰賴照護機構，在癩病高度汙名化的情況下，大部分的國家是採取原地照護，讓他們度過餘生。由於捷運的興建，政府要院民搬到高樓大廈中，讓他們離開有寬闊空間的熟悉家園，強制搬遷的結果就是讓他們又再度隔離到另一個陌生的環境。

除此之外，從文化資產的角度來看，范燕秋指出樂生療養院：「作為台灣公衛百年的縮影，是現存『唯一』能見證台灣近代防疫史的史蹟，也是反省疾病人權的最佳空間。」如果能將院區建造成公共衛生博物院或是醫療森林園區，並且和院民的照護相互配合，可以成為一個活化的歷史資產保護，也可以思考我們跟疾病之間的記憶。

❶

❷

❶ 約1932年的樂生療養院舊院區。（圖片來源：維基共享資源）
❷ 樂生療養院空拍照。（圖片來源：衛生福利部樂生醫院療養院）
❸ 樂生療養院有獨特的王字型建築。（圖片來源：衛生福利部樂生醫院療養院）

輯三

地景的
台灣記憶

記憶島嶼的不同方式：台灣島

我還記得在國立台灣大學歷史學研究所讀碩士班的時候，當時的指導老師杜正勝教授任職教育部長，剛上任的時候他在中央研究院的一場演講，用了一張「橫躺的台灣地圖」，以台灣為中心，和以前將台灣放在中國的邊緣不同，當時引發在野黨的強烈攻擊，說他是「去中國化」。

當時杜正勝教授指出，世界上任何一個地方，都可以作為中心點，台灣也應該找到自己的中心點。如果台灣仍以中國為中心的話，會有「時空錯置」的感覺。台灣具有海洋性格，除了南島民族是海洋民族以外，歷史上很多的海洋帝國都曾統治台灣。

在沒有Google可以搜尋，以前怎麼知道台灣是「一座海島」呢？真相是：其實，以前的人並不清楚。

直到人們創造了船隻，可以開始在海洋中航行之後，才漸漸發現台灣是一座海島，後來隨著科技發展，也發展了不同的測量方法！先想像一下，如果你是西元前五千年來到台灣島上生活的居民，或是那些隨著南北季風往返的閩南商人、遠從歐洲來到東亞做生意的貿易船長，在茫茫大海中，突然見到遠方有座青山聳立的島嶼，你會怎麼描述台灣島呢？

最早在台灣生活的一些原住民是透過口述方式，描繪了有關這座島嶼的神話故事，代代傳誦。像是台灣原住民神話中最常見的「大洪水」神話，或許可能是描述冰河時期結束時，海平面上升，讓原本居住在海洋陸棚的人由於原居住地被淹沒，不得不打造船隻，漂流到較高的陸地居住。根據海洋考古研究，澎湖一帶的海域，也曾發現虎井沉城與東吉嶼石牆的海底城，建築物的時間推測大概在七千年前到一萬年前之間，大約就是冰河時期。因此可以得知，部分神話可能都有其歷史根據。

有了文字記錄後，有些中國沿岸的閩南商人透過文字或是彼此交換情報而陸續知曉台灣島的存在。或是在一些歐洲貿易船長的「航海日記」中，也出現了「東亞海上，有一座叫『福爾摩沙』的美麗島嶼」等與台灣島有關的記錄。

不過，在眾多的描繪方法中，都沒有比「畫一張地圖」還要清楚的方式。其實打從十六世紀大航海時代開始，就有許多歐洲航海家和繪圖專家，努力畫出東亞海域的地圖。只是，當時的器具可能不如現代方便，因此許多繪圖專家畫出來的台灣島都有點怪怪的——有的人把台灣繪製在北回歸線附近；有的人則畫出一座像阿米巴原蟲的怪島；也有人畫成像三片餅乾一樣的小島，更有人只畫出西半部，或是畫成台灣島橫躺的樣式。

不只這樣，歷代的記錄中，連台灣的名字都有好幾個：「福爾摩沙」、「大琉球」、「小琉球」、「流求」等，這些懸殊的資料記錄顯示當時的歐洲人「跟台灣不太熟」，繪圖家或許以為廣闊的淡水河口和濁水溪口是海峽，所以才把台灣畫成三座分開的島，而這些跟實際狀況「差很大」的地圖，終於在荷蘭人治理台灣時期，進行了一次「可能是史上第一次環島旅行」之後，有了轉變。

荷蘭人來到台灣建立基地之後，曾派出兩艘船繞著台灣島航行一圈，這才在一六二五年畫出比較接近真實樣貌的「台灣島圖」。在這張地圖裡，可以看出台灣是一座長條狀的海島，北端有峽角、南端有細長的半島；東岸有筆直的斷崖、西岸隆起弧形，有比較大的腹地。之後，隨著海圖繪製的進化，以及航海工具、測量工具的進步，才有越來越貼近實際的台灣地圖。

後來的不同政權，從清帝國、日本人到國民政府，都用不同的方式來告訴我們台灣的樣子，也影響了我們對台灣的想法與記憶。

1662年荷蘭人所繪福爾摩沙。（圖片來源：維基共享資源）

「北左南右，東上西下」的橫躺台灣地圖在歷史文獻屢見不鮮（如：許多十七世紀歐洲人畫的台灣地圖，乃至中國方面的地圖），圖為1640年所繪福爾摩沙地圖。（圖片來源：維基共享資源）

黃金的記憶：金瓜石

假日充滿遊客的九份，已經是台灣很重要的觀光勝地，但九份和旁邊的金瓜石是以往台灣重要的金礦產地，曾經有一段相當輝煌的「淘金熱」。

黃金在世界各個文明當中都有相當重要的地位，用來展現富貴和奢華，也可以拿來保值。大航海時代來到台灣的西班牙人和荷蘭人已經注意到台灣東北部的原住民有黃金的裝飾。

在Boxer Codex所繪製的台灣原住民圖像，曾經看到一個女性原住民抱著一個金色的骷顱頭。而知名的探險家郁永河所著的《番境補遺》提到在台灣東北部有出產黃金，而且在溪水中可以看見。

對於黃金的開採一直要等到清國開始了解台灣的地位，在北台灣建築鐵路的時候，當時有個工人發現基隆河閃耀著黃金的光芒，後來引起了很多人的注意，甚至遠從美國而來。據說上千人當時在附近挖掘和淘金，後來才發現礦源在今天的九份和金瓜石附近。

由於太多人進來淘金，清政府設立了「金砂局」管理，必須要有政府的准許才能淘金。

但是，不到十個月，日本統治台灣就終止了「金砂局」的經營。日本統治台灣之後，將東邊的金瓜石礦山交由「田中組」管理，西邊的瑞芳九份由「藤田組」經營。

日本公司引進了現代化的技術，讓兩個地方的礦業產量增加很多，當地增加了很多新的住民，消費力也增加，當時有一句話說：「上品送金九，下品送台北」，意思是有品質昂貴的東西先到消費力較高的金瓜石和九份，比較不好的再送到台北，由此可見驚人的消費力。

但九份的礦山後來經營不善，交由台灣人顏雲年，透過讓台灣人可以自行入山採礦的方式，發掘出更多的金礦，讓顏雲年獲得不少利益，以前所謂的台灣五大家族也有所謂的「基隆顏家」。

由日本經營的金瓜石礦山，除了金礦以外，也經營銀、銅等不同金屬的開採，日本的大企業「日本礦業株式會社」買下了經營權，讓金瓜石的貴金屬產量成為亞洲第一。

現在我們去金九地區已經看不到以往採金礦時代的繁榮，主要的原因是戰後國際金、銅價格的關係，加上台灣採礦成本變高，讓礦業走向衰微。除此之外，由於設備老舊，工安意外頻傳，還曾經發生上百人死傷的事件，政府後來宣布礦業的停採。

由於缺乏生計來源，金九地區的商業與消費活動一落千丈，居民大部分到外地找工作。後來導演侯孝賢拍攝電影《悲情城市》，獲得國際上很重要的威尼斯影展的「金獅獎」，電影當中的很多場景都在金九地區拍攝，讓觀眾重新注意到了當地的文化特色。

由於金九地區與日本時代的礦業發展有關，很多日本遊客也會到當地觀光，在吃當地知名的芋圓的時候，走進黃金博物館感受當時礦業的繁華，還有台灣曾經的黃金記憶。

關鍵詞

基隆顏家

基隆顏家的祖先，根據日本方面的資料《台灣之官民》記載，是唐朝的大書法家顏真卿，發跡於北台灣的基隆、瑞芳一帶，是台灣早期少數以企業家身分發跡的地方望族。顏家在日治時期以開採金礦、煤礦起家（台陽股份有限公司），被稱為「炭王金霸」。二戰期間，顏家採礦設備被拆除徵用，公司癱瘓；一九四五年台灣光復後，台陽礦業恢復運作，但由於日本人占股過高而被國民政府接收，三年後才由顏家重掌經營權；至一九七一年，台陽礦業在經年累月的虧損下，終於宣告停止採礦，朝向轉型。顏家「台陽王國」的霸業也正式劃下句點。

《悲情城市》

《悲情城市》是一部由導演侯孝賢執導的台灣歷史電影，於一九八九年上映，該電影是第一部涉及到台灣政治最敏感的「二二八事件」爭議的電影，以白色恐怖時期為背景，講述一九四〇年代末，九份林氏大家族在政權交替、二二八事件所產生的動盪，不僅成為國片首次獲得國外威尼斯影展肯定，更影響當時的取景地「九份」後來的命運。

九份曾經有一段輝煌的「淘金熱」。（圖片來源：Photo AC）

九份是台灣重要的觀光勝地。（圖片來源：Photo AC）

從草山到陽明山

台北市往北看，大家都可以看到陽明山，是大家放假踏青的好去處，可以採海芋、泡溫泉、吃山產，還有很多的別墅。

然而，陽明山以前不以「陽明」為名，叫做「草山」。清領時代，英國駐台的首任領事Robert Swinhoe在一八五八年曾經造訪，寫下「多草的台地」。當時住在草山一帶的主要是平埔族，從歷史文獻來看，漢人和平埔族的硫磺貿易利潤很高。郁永河曾經留下記錄：「造化鍾奇構，崇岡湧沸泉；怒雷翻地軸，毒霧撼崖巔；碧澗松長槁，丹山草欲燃；蓬瀛遙在望，煮石迓神仙。」

清領時期對於草山沒有什麼開發，而且對於硫磺相當害怕，覺得是毒霧。日本人治台之後，以台北為統治的中心，也注意到北方的這座山，喜歡賞櫻的日本人，開始在草山種植櫻花。同時種植從日本來的櫻花，也顧及台灣櫻花，兩種櫻花都大量種植，讓草山成為賞櫻名所。

喜歡泡溫泉的日本人也開始建造旅館，還有公共浴場，溫泉在日本的歷史很久，不僅有清潔的效果，還有醫療效果和觀光遊憩的功能。日本人也加強道路的建設，開設汽車可以行駛的道路，並且有公車在台北和草山間定期營運。基礎建設的齊備，讓草山迎接很多日本皇室的成員，為了迎接皇太子，還鋪上了柏油路面。

日治時代就已經有將草山設置為一個大公園的想法，但成為國家公園則在戰後，一九四九年仿照江西的盧山管理局，設置「草山管理局」，蔣介石到台北之後暫時住在以前皇太子下榻的「草山御賓館」。由於逃難來台，「草山」有「落草為寇」的感覺，蔣介石喜歡王陽明思想，改為「陽明山」。

戰後蔣介石政府也在草山蓋了新的建築，像是舉行國民大會的中山樓、革命實踐研究院，還有租給美軍顧問團的別墅，中國文化學院也在此時設置。當時黨國不分的政府將陽明山作為反共復國的思想基地，很多人在此接受反共復國的教育，並且在很多的建設和造景，完全移植中國的建築特色到陽明山。

陽明山設置國家公園有其時代背景，歐美各國對於自然和人文景觀的保護都設置國家公園，對於中華民國政府也造成壓力，但怕一旦成立國家公園，會對經濟開發造成阻礙，一九七三年頒布《國家公園法》之後，一九八五年「陽明山國家公園」才成立。

今天的陽明山公園，西起向天山、面天山西麓；東到磺嘴山、五指山東側；北到竹子山；南至紗帽山南麓。行政區塊含括台北市的北投區、新北市的萬里區、金山區、三芝區、淡水區。解嚴以後，國民大會廢除，台灣的政治也逐漸民主化和本土化，陽明山的政治色彩逐漸淡化，成為觀光遊憩的景點，吃農家菜、採海芋、喝茶、泡溫泉，讓陽明山逐漸成為結合觀光和保育的場所，也讓我們的集體記憶有了變化。

關鍵詞

中山樓

國民政府遷台後的一九四九年，國防研究院將領計畫合贈一棟住宅予兼任國防研究院院長的總統蔣中正祝壽，取名為「嵩壽樓」，並邀請修澤蘭建築師設計。蔣中正在看過設計圖後，將其改為能容納八百人開會的建築，並定名「中山樓」。於一九六五年十月動工，一九六六年十一月完工，是全世界迄今唯一一棟蓋於硫磺口的建物。中山樓建築亦常為新台幣鈔券、郵票的主題圖像，為現版新台幣壹百元紙鈔背面的代表圖像。

❷

❶ 介壽堂。（圖片來源：張啟川）
❷ 中山樓。（圖片來源：張啟川）

美援的記憶：石門水庫

台灣人如果看到男生的拉鍊沒關，通常會說：「石門水庫沒關。」如此日常的用語是怎麼來的呢？

從報章雜誌的資料上來看，石門水庫剛竣工的時候，當時是：「東亞第一大壩」，以前還有中國小姐的選美比賽，有一個部分是機智問答，主持人問佳麗，假設男士的拉鍊沒拉，會如何提醒，佳麗非常機敏地說「我會跟他說，您的石門水庫沒關」。後來竟然成為我們的流行用語和歷史記憶。

至於影響北部生活甚鉅的石門水庫是怎麼來的呢？

日本人統治台灣之後，在桃園台地興建了多項的水利工程，然而，仍然避免不了旱災的侵襲，想要在桃園台地興建大圳解決缺水的問題。桃園大圳完工之後，總督府本來打算在石門崖口建立一個兩百七十公尺的弧線重力高壩，作為灌溉、防洪和發電多功能用途的大壩，但由於工程難度和經費太高，後來作罷。

桃園在戰後仍然發生嚴重的旱災，地方人士向中央陳情，希望能蓋水庫解決旱象。然而，當時因為國民政府以反攻大陸為首要之事，建築水壩的工程會排擠到軍事經費而作罷。

地方人士仍然不放棄，從鄉鎮一直到縣市政府，並且邀請專家來觀測地質、雨量，向政府提供資料。美國開始援助台灣之後，邀請美國工程專家到石門，讓水庫計畫成為國際的議題。

民國四十二年南北韓結束戰爭，台灣和中國之間的情勢緩和，建設台灣、穩定民生成為施政的要點。當時的土地改革與農業扶植工業都需要強大的水利設施來完成，石門水庫的建設關係到整個北台灣的用水、發電和防洪。

為了建設石門水庫，動員了相當多的人力，還有派請相當多的美國專家來協助，而且集水區內的住戶也要加以遷移，影響的層面相當巨大。民國四十三年成立石門水庫設計委員會，集合了地質、農林、水利、電力、土地和金融等不同的專家，成立籌備委員會的時候，由副總統陳誠親自擔任主任委員。

民國五十二年石門水庫開始蓄水，同年八月結合水庫和石門大圳的通水測試，讓石門水庫灌溉了整個桃園台地，還提供了新北市鶯歌到板橋、三重人口集中區的灌溉用水。

一九六四年六月正式完工的石門水庫至今已經將近六十年，提供了北部穩定的灌溉、飲用水和發電的功能，是生活當中息息相關的設施。當時國民政府搖搖欲墜，透過石門水庫的興建，台灣和美國政府建立了彼此的信賴，也穩定了在台灣的統治。

興建石門水庫培育了很多台灣的土木人員，透過興建中的大壩，讓很多工程技師都得到完整的訓練。如果我們拉長時間來看，石門水庫本來作為水利設施，但從地方社會的陳情與建，到後來成為台灣與美國之間重要的外交里程碑，不僅影響到當地人的生活，也成為我們文化記憶中的一部分。

關鍵詞

石門大圳

石門大圳為台灣重要水利工程之一，一九五六年七月開工，一九六四年六月完工，灌溉區域涵蓋桃園縣龍潭鄉、平鎮市、新竹科學工業園區。與桃園大圳相比，石門大圳動工較晚，但在桃園大圳完工後，八田與一的「昭和水利計畫」已規畫了石門附近的水利建設，礙於當時經濟和技術的考量無法實現。《淡水廳誌》中提到，石門大圳的最早發想者為淡水同知曹謹，他曾倡議開發大嵙崁後山的湳子莊，引入灌溉中壢一帶，但因原住民出沒和漳粵間的紛爭，未能如願。

石門水庫入口。（圖片來源：Photo AC）

人與河川的記憶：濁水溪

作家吳晟曾經寫下《筆記濁水溪》一書，裡面提到：

上天恩賜的水源
滾滾濁水陽光下閃著銀光
奔流河川，灌注遼闊田地
恩養世代子民
是島嶼農鄉的血脈

台灣最長的一條河川濁水溪發源於合歡山主峰與東峰間的「佐久間鞍部」，全長一百八十六點四公里。入海口為彰化縣大城鄉及雲林縣麥寮鄉，流經四個縣市二十一個鄉鎮，包含南投縣、雲林縣、彰化縣及嘉義縣。

濁水溪的流域面積排名全台第二，高達三千一百五十六點九平方公里，僅次於高屏溪流域，主要支流有霧社溪、萬大溪、丹大溪、郡大溪、巒大溪、陳有蘭溪、水里溪、東埔蚋溪和清水溪等。

濁水溪上游主流霧社溪發源於合歡山主峰與東峰間，武嶺南坡約海拔三千兩百公尺處，由於上游集水區崩塌地多，造成河水含沙量極高，水因而混濁，也因此而得名。最高的含沙量記錄，高於淡水河的十倍。傳說「濁水溪水若清，必有大事。」在一七一七年的《諸羅縣志》中就可以看到相關的記錄，然應該屬於民間傳說。

上游有很多原住民族群居住，霧社以上是賽德克人，萬大、曲冰到武界，河谷寬廣，平緩的河階上北側有泰雅族人居住，南側則是布農族耕種和狩獵的活動地區。往下游到水里與陳有蘭溪匯流，進入中游，這裡有不少水利設施，流出八卦台地的山口，進入下游，此處南側為鄒族的原居地。

日本人統治台灣的時候，建設了「日月潭水力發電所」，濁水溪成為發電用水，而且因為高低差大，發電量也大，對台灣貢獻很大。日月潭水力發電位於濁水溪中、上游，開發引水計畫、發電機組，前後投入工事長達十五年，動用人力超過兩百萬人次以上，可以說是東亞第一的水利工程。

濁水溪的下游是廣大的平原，提供了沿線居民相當重要的灌溉水源，有很多的水利工程都引濁水溪的水，較早的就是施世榜，一七〇九年開始建造，一七一九年完成的施厝圳，後來稱作八堡圳。

由於濁水溪從高山傾瀉而下，雨季的時候氾濫成災，乾季的時候又缺水，施世榜一開做水圳的時候都不得要領，後來有一位林先生教導他用「石笱」，現在的「蛇籠」，石塊填入籠內，連結成排，圍置於河中，將溪水導引進埤圳，雨季的時候可以成為河道，避免河水氾濫，乾旱的時候也可以匯聚水源。

從歷史上的紀錄可以看到，濁水溪不斷改道也造成周邊居民很大的損失，一八九八年的「戊戌大水災」，台中、彰化、雲林都受到很大的傷害。總督府在一九一二年開始防制洪災，進行築堤，到一九二〇年完成。由於築堤產生的河川地，超過三千六百甲，日本政府進行官營移民村，種植農作物開墾。

濁水溪提供的農業用水除了溪北彰化平原的八堡圳以外，也提供溪南的嘉南大圳，水源的穩定，成為台灣農業的水資源，生產的稻米、甘蔗、蔬菜都滋養著我們，濁水溪所產的米相當優質，其中最有名的為「西螺米」。

橫跨濁水溪下游的西螺大橋，聯繫起彰化和雲林縣，在日治時期一九三六年就成立「濁水溪人道架設期成同盟會」，到了一九四〇年完成三十二座橋墩，後因為第二次世界大戰而暫停。一九五一年的時候在美國的援助下繼續興建，兩年之後完成，全長一九三九公尺，鋼鐵作架，水泥作墩，紅色的外觀十分醒目，為當時東亞第一大橋。

濁水溪流經不同族群的土地，滋養了土地，也提供了水力發電；濁水溪灌溉的土壤養育出了濁水米，連沙地也可以種出落花生和西瓜。山林、農業和水文，都成為我們記憶的一部分。

日月潭

台灣每個人都聽過日月潭，很多沒來過台灣的人，也聽過日月潭。位在南投魚池的日月潭是一個天然湖泊，但同時也是發電用的水庫，也是邵族的故鄉和多元族群生活的地方。

「日月潭」最早出現在文獻當中，是清道光元年（一八二一）擔任台灣府北路理番同知鄧傳安所著《蠡測彙抄》中〈水沙連紀程〉所記：「過水裏社，望見日月潭中之珠仔山；藍鹿洲東徵集所紀之水沙連即此。」

至於為什麼稱「日月潭」，從曹士桂《宦海日記》的記載中可以知道：「山南水圓如日，山北水彎如半月，詢社人，潭名日月。」這裡的社人現在稱為邵族，居住在日月潭附近。「邵族」名稱來自於邵語「thau」，本來的意思是「人」。日治時期，學者引用了邵語「ita thau」（我們是人，音似伊達邵）的「thau」一字，命名為「邵族」。

根據邵族的神話，他們的祖先在狩獵時，因為追逐一頭白鹿，無意間發現了魚類資源豐富的日月潭，將整族遷居至此，後來平埔族、漢人、布農族也都在此定居，形成豐富的多元文化。當地附近平埔族稱居住於山裡的高山族，為「沙連」，此處又是山區最大的積水盆地，日月潭及其周圍地區因而得名「水沙連」。

日本統治台灣之後，開始積極的管理原住民，為了發展糖業，日本人在日月潭附近種植甘蔗，整合成埔里社製糖株式會社，並在大正五、六年間（一九一六－一九一七）開設輕便車道。由於交通上的便利，讓從彰化進到日月潭比起以往方便，也讓日月潭的美麗為人熟知，也被入選為「台灣八景」。

日月潭附近有很多邵族的村落，以前蔣介石喜歡搭船觀賞原住民歌舞表演，所以附近也有原住民的文化園區。每年的農曆八月十五日左右，邵族會舉行盛大的祭典，是為祖靈祭／年祭（Tungkariri Lus'an）。

日月潭在一九三〇年，台灣電力株式會社（台灣電力公司的前身）就利用日月潭的地形，建造了複雜的水利系統，修築了水社壩與頭社壩，利用水位落差引水置發電廠，發完電的水再度回歸到濁水系，而且流經下游的集集攔河堰，還供應中部的農業和民生用水。

一九四九年國民政府在中國內戰輸了之後，撤退到台灣，蔣介石總統最愛到日月潭，本來在潭邊有大正五年（一九一六）由日本人伊藤興建的「涵碧樓」，即使經歷過地震，仍然穩固，在日治時期還有招待過皇太子裕仁。接受日本教育的蔣介石也將「涵碧樓」作為招待達官貴人的場所。

中華民國政府將日月潭打造成一個中國式的地景，修建了玄光寺、玄奘寺、文武廟、慈恩塔和蔣公行館，而且都在明顯可以看到的地方，破壞了原來的美麗景觀，讓日月潭脫離原來的自然和人文景觀，收編進大中國的領土。

除了政治上的地景，日月潭也因為世界的局勢產生變化，由於一九七〇年代「第一次世界能源危機」，政府加緊水力發電的建設，又在日月潭建立了大觀二廠和明潭發電廠，完工的時候是亞洲第一大的抽蓄電廠，現在的發電量仍然占全台的百分之六點二。

政治解嚴之後，在快速的社會發展中，日月潭周邊的景點由於設施老舊、服務品質低落，還有定位不清楚，後來又發生了九二一大地震，讓日月潭周邊的相關族群，認為需要群策群力的改造整體的觀光環境。

二〇〇〇年一月，交通部觀光署設立日月潭國家風景區，其範圍除原有日月潭特定區外，北面擴大至魚池鄉，東至水社大山，西至集集大山，南至水里蛇窯，希冀透過國家與民間的努力，讓日月潭豐富的自然與歷史人文記憶，繼續留在我們的生活之中。

❶ 日月潭頭社壩。（圖片來源：維基共享資源）

❷ 1900年日月潭刳舟舊照片。（圖片來源：維基共享資源）

2

玉山

過世的導演齊柏林曾經用空拍記錄下台灣的樣貌，當飛機飛過玉山山頂的時候，致力原住民教育的馬彼得校長帶著布農族的孩子們在玉山山頂合唱〈拍手歌〉，揮舞著國旗的畫面，清亮的嗓音迴盪在玉山山頂，隨著雲霧繚繞在山谷間，每一句歌聲都像滲進了每個人的五臟六腑中，整體的畫面令人動容。

玉山腳下的馬彼得校長，他告訴部落的孩子們「每個孩子都是他的心肝寶貝」，「希望有一天，講到『原聲童聲合唱團』，世界的人都知道那是台灣。」

玉山在布農族和鄒族的神話當中都是聖山，布農族的祖先因為遭遇洪水跑到玉山頂上避難，但缺乏維生的小米因而缺糧，在玉山捕抓動物，後來紅嘴黑鵯帶來火種而解圍，將玉山稱為「東谷沙飛」（Tongku Saveq）。鄰近玉山的鄒族稱呼玉山為「Patton-kan」，指的是發亮的山、是石英之山，後來漢字音譯為「八通關山」。

移民到台灣的漢人很難親自走訪玉山，只能遠觀，郁永河在一六九七年的《裨海紀遊》中對玉山的敘述：「玉山在萬山中，其山獨高，無遠不見；巉巖峭削，白色如銀，遠望如太白積雪。四面攢峰環繞，可望不可即，皆言此山渾然美玉。」

自然一定會影響人群活動，也會讓人類思考與自然的關係，不同的自然環境，會構築人群不同的歷史記憶。台灣是個多山的島嶼，山與丘陵遍布，占了台灣總面積的百分之七十，山地大部分居住的族群是原住民族。

早在清帝國治台時期，第一任「台灣府」知府蔣毓英就曾在《台灣府志》中寫道：「台灣的高山多到數不清。」台灣島面積約三點六萬平方公里，但超過海拔三千公尺的高山，超過兩百六十八座，也是世界上高山最密集的島嶼之一。相較之下，日本的土地面積是台灣十倍大，標高三千七百七十六公尺的富士山雖聞名全球，但是日本境內超過海拔三千公尺的高山卻只有二十一座；英國高地雖多，但是沒有超過三千公尺的高山；而以高山雪景聞名的紐西蘭，土地是台灣的七倍大，全國超過三千公尺的高山也只有二十多座。

日本人在一八九五年統治台灣之後，調查了台灣所有的山脈，發現玉山的高度為三千九百五十公尺，比起日本的最高峰富士山還高，明治天皇下令，命名為「新高山」，並且建立神社，將玉山納入日本的神道教信仰。後來日本治台的最高行政長官總督也有好幾位爬上新高山，而且日治時代很多中學生或是地方社會的領導人物都有爬上玉山，彰化女中的學生在一九四三年登玉山，是首登玉山的高等女校。

國民政府來台之後，因為戒嚴的關係，山地管制，一般入山有很嚴格的限制。一九六六年政府在玉山山頂豎立于右任的銅像，為遠望故國河山的最高點，將玉山的意象政治化，加強中國化的教育。

隨著社會開放，以台灣為主體的意識萌芽，玉山跟台灣文化的意象加以結合，一九九五年台灣區運動會在玉山點燃聖火，隔年于右任銅像被拆除，還給玉山原來的風貌。

台灣有五大山脈，分別是雪山山脈、中央山脈、玉山山脈、阿里山山脈和海岸山脈，玉山是台灣的最高峰，不僅高度最高，也常出現在鈔票上，還有原住民族的神話裡，象徵著台灣的精神。現在甚至連新台幣千元鈔票上更有它的蹤影，成為台灣重要的精神指標。

關鍵詞

布農族

布農族部落分布在海拔五百至一千五百公尺中央山脈兩側，是原住民族中分布海拔最高的民族，家庭以父系大家庭為基礎，因歷史遷移而慢慢拓展，分布範圍相當遼闊。日治時期因日本政府強勢將布農族人領地公有化，山地軍事統治化，造成族人不滿，反抗事件時有所聞；原布農族主要農作物有小米、玉米、甘藷等，但日治時期日本人強迫布農族人種植水稻，使得歲時祭儀幾乎停辦。目前布農族人最負盛名的祭儀是與官方合作，以迎合觀光所辦的射耳祭儀活動，而現今布農族人多信仰基督教、天主教，但部分活動仍取傳統儀式的精神，延續與傳承了布農族文化。

鄒族

鄒族的名稱是以自稱Tsou為族名，語詞的意思是人。在鄒族的傳說中，大神哈默用楓葉創造鄒族人跟瑪雅人，再用茄苳的葉子創造平地人，並從玉山逐漸遷徙到現居地。歷史資料中，鄒族早已出現在十七世紀荷蘭人的紀錄裡，十八世紀之後，鄒族與清朝之間互動逐漸密切，除了象徵性的進貢租稅給清朝外，也在林爽文事件中協助清朝防禦山區治安。而日治時代，鄒族部落領袖接受語文、醫療、農業等各方面的教育，並無與日本政府對立與反抗事件發生。以往鄒族每年都會舉行小米收穫祭，如今鄒族普遍接受西方宗教，傳統祭典也曾經式微，直至近年傳統祭典重新受到重視，再度成為凝聚族人的重要活動。

❶

❸

❶ 日治時期於山頂設置的新高祠。(圖片來源:維基共享資源)

❷ 日治時期,從阿里山遠望新高山(今玉山)的明信片。(圖片來源:維基共享資源)

❸ 1000元後面的玉山。

❹ 現今玉山。（圖片來源：南投縣政府）

古都的回憶

我寫過《京都歷史迷走》，剖析京都為什麼可以成為日本古都的原因，從歷史、文化、還有地方創生的角度，說明一個國家在走向現代化的過程，傳統的記憶與現代如何並存，並且透過傳統，在現代創造一個無與倫比的存在，讓全世界的觀光客都走進京都，不僅成為日本人的驕傲，也成為世界的古都。

台南作為一個台灣最古老的都市，城市中處處可見遺留下來的歷史建築或古蹟，在二〇一〇年取得縣市合併升格的機會，即使人口的數量沒有其他都會多，但因為文化的底蘊，成為六都之一。

台南不僅是台南，以前的「台灣」指的是台南。由急水溪、曾文溪、鹽水溪等多條河流沖積而成的廣闊平原的古台南，西邊的出海口因為大量泥沙堆起沙洲，形成「倒風內海」和「台江內海」兩座大潟湖。

從現在的地理位置，台南市安平區和安南區一帶在古時候可能都沉在潟湖裡。以往的漁民將台南這一帶沿海潟湖稱為「大灣」、「台員」或「大員」，指的就是潟湖形成的大海灣。

後來荷蘭人殖民台灣以後，「大員」則指現在安平古堡的「熱蘭遮城」所在的鯤鯓。當時很多的官方記載就將附近稱為「台灣」，附近平原的住民主要是平埔族，包括「麻豆社」、「蕭壠社」、「目加溜灣社」及「新港社」等，當時平埔族主要在內海的沙洲捕魚和狩獵，也有與中國的漁民貿易。

大航海時代的荷蘭打算在亞洲找尋貿易的據點，十七世紀的時候打算在離中國比較近的澎湖設立殖民地，但遭到明帝國的軍隊驅趕。荷蘭人和明帝國的官員達成協議，決定殖民「大員」，當地易守難攻，而且還沒有國家的存在。荷蘭人在一六二四年在沙洲上建立了一座城堡，取名為「熱蘭遮城」（Zeelandia），意思是「海陸之城」。

為了容納更多的人，荷蘭人還向平埔族西拉雅人買下熱蘭遮城對面的溪邊平原土地，建立一個城鎮行政區「普羅民遮」，位置就在今天的赤崁樓附近，並招募許多漢人，打造可容納上千人的歐洲風市鎮。

台南成為荷蘭人海外貿易的第二大據點，也讓台南成為台灣最早發展的城鎮。後來鄭成功的軍隊來到台灣，擊敗了荷蘭人，占領了大員。鄭成功到台灣不久之後過世，由兒子鄭經繼位，將明代的漢文化引進台灣。

從一些歷史紀錄上，可以看到當時曾到台南貿易的英國人，稱呼統治者鄭經為「台灣王」，稱這裡為「東寧王國」，當時他們進出安平港時，還要繳交武器、驗明正身。可以說，台南彷彿就是鄭氏家族的都城。鄭氏王朝後來在澎湖之戰大敗，鄭家第三代的統治者鄭克塽宣布投降。滿清帝國取得台灣之後，勢力延伸到了台灣島上，並在台南設立「台灣府」，作為清帝國在台灣的行政中心。

後來移民越來越多，台南會成為台灣的古都所在，不僅是因為是政治、經濟上最重要的「府城」，還是傳統建築、禮俗、廟會與信仰習俗的發源地。住在台南的朋友跟我說「滿天神佛」，到處都是廟宇，台南祭祀最多的是「王爺」，最古老的「王爺」廟就是台南的「南鯤鯓代天府」。

由於以往的疫病和災厄很多，王爺就是用來趨吉避凶的。「王爺」並不是特定的一尊神明，只要是歷史上有名的人物，或是對地方有貢獻的人，都可能成為信徒崇拜的王爺。而台南的「南鯤鯓代天府」更是聲名遠播，據說從這裡分靈出去的王爺，就有將近兩萬尊。也因此，被視為全台灣的「王爺總廟」。

本來稱為「台灣府」的台南，清帝國後來將「台灣府」移到中北部，把原來的府城名為「台南府」，才有現在的台南。當中央政府設立六都的時候，台南本來的人口數不到，但從文化和歷史的發展，有意將台南打造成台灣的「古都」，蘊藏著台灣文化的精髓。

關鍵詞

西拉雅人

日治時期學者伊能嘉矩將台灣原住民族分成「高山族」及「平埔族」兩大族群，幾百年來，平埔族群大都融入台灣漢人社會且通婚頻繁。在平埔各族中人口最多、分布最廣、勢力最強的則為西拉雅一族，從台南平原至恆春半島整個廣大區域都是早期學者分類的西拉雅族領域，台南市更是西拉雅本族的根據地。當初荷蘭人稱台南附近的四大社人為Sideia，而「西拉雅」一詞就是以該民族對「四大社」的稱呼台語發音諧音轉化而成，後來變譯名「西拉雅」Siraya代表該族。九〇年代平埔正名運動開始，西拉雅族人開始了「找回自己是誰」的行動，喚醒原住民對文化、族群等的認同。

東寧王國

東寧是十七世紀鄭氏以南明延平王的身分於大員地區的藩王政權稱號。對於東寧一名的使用始末記載不一，多數史料顯示此一名稱是在鄭經繼位後才開始使用；然而，亦存在部份史料記載，此一名稱為鄭成功於永曆帝被殺之後所改。在部份史料中，以東寧國或東寧省等寫法來稱呼當時的台灣；此外，鄭經又在與清廷的談判書信中留下了「遠絕大海，建國東寧。於版圖疆域之外，別立乾坤」等擁有多種解釋的語句，這也正是導致這個名稱及具爭議的理由。

❶
TAIOAN.

❷

❶ 揚・布勞繪製的1644年大員市鎮鳥瞰圖。（圖片來源：維基共享資源）

❷ 1871年由約翰・湯姆生拍攝的熱蘭遮城舊照。（圖片來源：維基共享資源）

❸ 1875年來自約翰・湯姆生的影像作品，熱蘭遮城石版印刷。（圖片來源：維基共享資源）

❹ 南鯤鯓代天府。（圖片來源：南鯤鯓代天府攝影師梁展誌）

港都的記憶：哈瑪星

「哈瑪星」是來自日文「濱線」（Hamasen）的音譯，所謂的「濱線」指的是日治時期縱貫鐵路最南端緊靠港埠的鐵道。今天的哈瑪星是從五福四路底鐵路平交道以南至港邊，向西到西子灣洞口和第一船渠所圍成的街區。

從城市的發展來說，有著百年歷史的哈瑪星聚落，是高雄市發展的起點。由於戰後國民黨的發展脈絡，將高雄發展為重工業的城市，忽視了本來的城市文化和歷史紋理。

文化部提出「再造歷史場域計畫」，為落實「厚植文化力，帶動文化參與」之核心理念，打破過去單點、單棟的、個案式的文化資產保存，提出以「再造歷史現場」為重大公共建設投資計畫，透過結合文化資產保存與地方空間治理，整合地方文史、文化科技，並跨域結合各部會發展計畫或各地方政府的整體計畫。

高雄市為了重新「連結與再現土地與人民的歷史記憶」，提出「興濱計畫：哈瑪星港濱街町再生」，從荷蘭時期開始，因為大航海時代而成為商港，雄鎮北門、旗后燈塔、砲台、打狗領事館都見證了東西文化貿易的交流所形成的歷史遺蹟。

後來日本人統治之後，對高雄進行現代化的建設、築港、設置鐵路、並且人工造陸，將高雄建設成有整齊街道的城市。日本時代進行了三次築港的工程，戰後由於高雄的航運增加，在一九五八年實施十二年的擴建工程，讓高雄成為一個世界上重要的港口。

除此之外，哈瑪星的發展與鐵道密切相關，一九〇〇年縱貫鐵路台南—打狗段完工，當時的臨時停車場設在壽山山腳，那年打狗港的貿易總額就超越安平港，後來由於打狗的天然缺陷，腹地不夠，日本政府決定浚渫泥沙、填海造陸，擴增港口，才有後來高雄的發展。

哈瑪星是整個打狗地區最早使用自來水、電燈、電信和電力的社區，是日治時代初期打狗最現代化的地方，從現在所恢復的建築來看，透過歷史街區的風貌再現，串連起街、屋和生活空間等生活資源，能夠感受到獨特的歷史場域。

我到高雄的時候，經常跟朋友約在「舊三和銀行」，這是一九三三年為了營運調整，日方將三十四銀行與山口銀行、鴻池銀行進行合併，改稱為「三和銀行」。

二戰之後，日本政府退出台灣，三和銀行被併入台灣銀行，建築物則被移交給鼓山新濱派出所使用。一九七九年派出所遷移，建築物被閒置，二〇〇三年被指定為歷史建築，以往這裡也是所謂的金融街，很多銀行的所在地。

從舊三和銀行出來，我到打狗驛故事館，館長古庭維是我中學的學弟，因為舊打狗驛是以前高雄重要的出入門戶，相當具有歷史價值，透過靜態和動態的保存，延伸出百年台灣的鐵道歷史和文化。高雄輕軌現在將這裡連結了駁二藝術特區，過去與現在、歷史的紋理連結港都的新發展，重拾歷史記憶，也讓港都走向未來。

❶

❷

❶ 戰後由壽山俯瞰哈瑪星。（圖片來源：維基共享資源）
❷ 哈瑪星鐵道文化園區。（圖片來源：Photo AC）

愛河的記憶

現在高雄愛河沿岸遊人如織，是高雄市民重要的遊憩景點，也是觀光客到高雄一定要去的景點。高雄市政府透過愛河，串連起很多高雄重要的觀光設施，像是光之塔和愛河之心。

從愛河下游至出海口沿岸一帶，有不少遊客會去的景點，像是玫瑰教堂、愛河景觀親水公園、愛之船（遊河渡輪）、音樂館、高雄市立歷史博物館、二二八紀念公園（原地下街與仁愛公園）、河畔咖啡（愛河曼波、黃金愛河）、鰲躍龍翔、電影圖書館。

然而，愛河本來不叫愛河，也不是一條河，本來高雄是一個大型的內陸淺海地帶，三百多年前，愛河才成為一條自然河川。高雄古名打狗，愛河本來稱為「打狗川」。

打狗的閩南語發音和日文的高雄類似，日本人將打狗改成了高雄，打狗川在日治時代也稱為高雄川。日本人對於高雄從事現代化的改造，開發了高雄川的運輸功能，縮窄了河面的寬度，濬深了河床的深度，讓高雄川可以行船，成為了「高雄運河」，還有在河面上的觀光遊船，是當時市民的遊憩景點。

戰後國民政府接受台灣，愛河在二二八事件中因為高雄要塞司令彭孟緝血腥鎮壓台灣人，沿著壽山、鹽埕一直到愛河畔，用機關槍和手榴彈屠殺，愛河還染血，成為紅色的愛河。

一九四八年二二八事件過後不久，有個高雄市民陳木潘接收日本時代的划船所，還請詩人呂筆創意的取名：「愛河遊船所」，讓情侶可以感受浪漫的氛圍。然而，當年的颱風無情的狂風暴雨將「遊船所」吹走，徒讓「愛河」兩字留存。

隔年《新生報》在高雄成立分社，剛好記者在到任之日遇到情人殉情，報導的時候以「愛河浮起艷屍一具」為題，讓愛河成了美麗的錯誤，成為高雄市民口耳相傳的名字。

國民黨統治台灣之後，蔣介石成了萬年總統，連選得連任，有如皇帝一般，每年生日的時候，全台灣的各級政府都努力想方設法幫他祝壽。當時的立委黃玉明發起請願運動，要求高雄市政府將「愛河」正名為「仁愛河」，「壽山」加碼為「萬壽山」，極端拍馬屁的行為。

後來高雄市長更名為「仁愛河」，到一九九二年市議員在議會提議，終於又要回了「愛河」的名字，本來的愛河沒有什麼污染，長度約十公里，提供農田灌溉，還有民眾遊船的功用。

然而，國民政府來後，將污染的重工業設置在高雄，又沒有足夠的環保設施淨化，大量的工廠和家庭污水排入愛河中，本來還可以在愛河划龍舟，但後來臭不可耐，改到蓮池潭。

一九九四年之後，文化愛河協會的理事長到處奔走，希望改善愛河的環境，高雄市政府在一九九九年開始設置城市下水道，並且以分五期「水和綠的親水空間」為主題的景觀工程，進行整體的河川改造，讓愛河重新成為高雄市民的親水空間。

現在經常有大型活動在愛河邊和港邊舉行，愛河從早期的臭水溝變成高雄市民重要的觀光景點，也是高雄市民的驕傲。

關鍵詞

從打狗到高雄

打狗（Takao、Takau）為高雄市的舊地名，主要指涉現今的高雄港與周邊地區，特別是鼓山區南部、鹽埕區、旗津區北部一帶。最早見於一六〇三年陳第所著〈東番記〉，目前較為多數學者接受的是日本學者伊能嘉矩的說法，認為「打狗」之名源於原先居住在此的平埔族馬卡道（Makatao或Mkatatau）之族語（Takau），意思為「竹林」，而漢人依台語音譯為「打狗」。至一九二〇年，台灣總督府公布修正地方官官制，全台分五州（台北、新竹、台中、台南、高雄等五州）、兩廳（花蓮港廳、台東廳），高雄州下設高雄郡和高雄街，同時頒布命令改正所謂的「不雅」地名，將原本具鄉土氣息的地名「打狗」正式以「高雄」取代。

二二八在高雄

高雄市二二八事件的衝突由三月三日起至七日結束，前後五天。二月二十七日台北引爆事件後，翌日高雄已獲悉此事，高雄市長黃仲圖即嚴囑部下鎮靜處置，避免軍民衝突。但，高雄要塞司令彭孟緝則下令在三月一日、二日陸續加強戰備。二日下午，市政府召開會議討論面對變局的處理辦法。最終彭孟緝下令軍事鎮壓，分三路攻擊高雄市政府、及民眾占領的高雄車站與高雄第一中學，隨後民軍即與軍隊交戰，但民軍根本無法抵抗，死傷慘重。

左邊的建物為高雄州廳，前方為愛河。（圖片來源：國立台灣歷史博物館open data）

現今的愛河。（圖片來源：Photo AC）

浪漫台三線的記憶

前任客委會主委李永得上任後首度赴立法院內政委員會報告，當時國民黨立委黃昭順質詢時批評蔡英文總統推動浪漫台三線計畫，問：「浪漫台三線是哪三條路？」台下立刻有人大喊「台三線不是三條路線」，李永得尷尬表示，台三線是沿途有客家地景的一條公路。我自己在苗栗獅潭的仙山有幾座小木屋，從小父親就經常帶我走台三線。

台三線的頭在台北忠孝東路的行政院前，一直到屏東市與台一線交會，行經西部內陸的丘陵地區，從桃園大溪、平鎮、龍潭，和新竹關西、橫山、竹東、北埔、峨眉，以及苗栗頭份、三灣、南庄、獅潭、大湖、卓蘭、台中東勢、石岡、新社等區域，是後來「浪漫台三線」的主要區域。

台三線有「內山公路」的稱號，住在丘陵的先民為了交通和貨物的運輸，開闢了不少「古道」，成為後來的基礎。由於丘陵擁有豐富的自然資源，日本統治台灣期間，苗栗縣的大湖鄉、獅潭鄉、三灣鄉、南庄鄉遍布桂竹林，曾經大量外銷到美國、日本、韓國等地的重要出口品。

除了運送貨物以外，台三線形成的歷史主要是為了防備，太平洋戰爭時台灣總督府擔心台一線遭到轟炸而中斷補給，開始改善台三線的坡度、路幅，讓台三線具備現在的雛形。昭和八年（一九三三）總督府著手修建一條相對於海岸縱貫線的山邊縱貫道路，從台北州三峽起，經新竹州管轄內之大溪、龍潭、關西、竹東、北埔、珊珠湖、三灣、獅潭、大湖、卓蘭等地至台中東勢之道路，沿線的道路開始可以行駛汽車，並且有公共汽車。

國民政府來台之後，開始按照公路法規將道路系統分為省道、縣道、鄉道三級，按照編號，從民國五十年開始，歷經一年時間將全省公路編號完成，前公路總局局長嚴啟昌認為，省道台三線「最初修築的目的，正是為了促進內山偏遠鄉鎮的經濟」。

台三線沿線的農民也開始試種不同的農作物，民國六十五年（一九七六）因農民們在台三線八寮灣段種植約一．五公頃的草莓，引起路過的旅客注意並入園採果，爾後才發展成觀光的採果，才有後來大湖的草莓觀光園區。

由於二〇〇二年台灣加入世界貿易組織（ＷＴＯ），對於農村最大的課題就是要將地方的文化、休閒旅遊，結合農業。除此之外，農村的人口大量流失，國家要活化社區營造組織、社區營造資源整合，打造新客庄，新客家運動——活力客庄、再現客家，其宗旨在於：「能夠就自己地方的條件和特色，透過學習和參與，集聚居民的共同意識，結合特有的文化傳統、空間環境、建築設施與各種地方產業，提供各種就業的機會，發展地方的魅力，培養地方的認同感與光榮感」。

住在我仙山隔壁村莊蓬萊的翁美珍，在南庄經營山芙蓉咖啡館，二〇一二年中華民國第十三任總統、副總統選舉時，總統候選人之一的蔡英文便在山芙蓉咖啡館公開發布「客家浪漫大道」的政見，打算參考「德國浪漫大道」（又稱「羅曼蒂克大道」，德語：Romantische Straße）在文化觀光與休閒產業上的成功經驗，幫台灣打造一條帶狀的客家文化浪漫大道。

前任客委會主委李永得的核心概念，是透過他的故鄉獅潭：

以我的故鄉——獅潭鄉來說，六〇年代還有一萬二千人，現在不到五千一百人，所以我們要思考如何將社會的空洞現象解決？如何讓年輕人回到故鄉發展？如何重新接回客家歷史文化的斷層？要重新思考在現代社會生存的可能性？站在客家人的立場，我們要更關心如何建立一個產業讓人回到土地，文化才會繼續、族群才會延續。

浪漫台三線串起十七個位於省道台三線上大溪到石岡的「客家文化重點發展區」，並在二〇一六年命名為「浪漫台三線」，在二〇一一年蔡英文總統候選人提出「國家台三線客庄浪漫大道」時，將幸福回鄉、社區營造的概念統合起來，結合過去的文化、歷史和產業，讓台三線成為一個結合過去客庄與現在和未來的記憶。

浪漫台三線路線。

宜蘭人的鄉愁：龜山島

「台灣走透透，只有龜山島走袂到。」

這句台語的口頭禪，說出了龜山島的想像，明明從宜蘭往太平洋一望，島就在那，有點近，心理上的距離卻是存在著。

龜山島被稱為「宜蘭的母親」，象徵著「龜蛇把海口」，日夜守護著蘭陽平原，也成為出外遊子的寄託，一看到龜山島就知道回到宜蘭了。作家黃春明也寫過〈龜山島〉：

龜山島
當他從車窗望見你時
總是分不清空氣中的哀愁
到底是你的，或是他的
……

龜山島

每當蘭陽的孩子搭火車回來
當他從車窗見著你時
總是分不清空氣中的喜悅
到底是你的，或是他的

龜山島對於宜蘭人來說是一個精神象徵，也是一個宜蘭人共同認同的「符號」，從宜蘭的很多民間組織上的符號也可以看到，像是：宜蘭環境保護聯盟、頭城區漁會、宜蘭縣非營利組織聯盟，都可以看到龜山島的樣子。

龜山島不大，東西長三點一公里，南北寬約一點七公里，海岸線長十公里，因為像烏龜而得名。從地質上來說，龜山島是由火山所形成的，大部分的火山都已經被海水淹沒，北側平緩、南側較陡；北側由熔岩流和火山碎屑岩層互相交疊而成。

從自然的歷史來說，龜山島是座非常年輕的島嶼，在最近七千年間，至少還發生過四次的火山活動，龜山島附近有六、七十座海底火山，海底有豐富的熱泉和硫氣，現在稱為「牛奶海」，每天都有溫泉不斷從海底湧出，當高溫硫磺溫泉與海水溶合時，海面就會呈現乳白色與天空藍的漸層色澤，也成為現在知名的觀光景點。

龜山島的開發不算晚，在清乾隆年間就有漳州人陳同帶領族人定居捕魚，後有移民移至島上，日治時期全盛有五百多人。戰後龜山島被劃為頭城鎮的龜山里，民國六十六年，政府以風災侵襲、生活不便，用非常低的補償金遷移居民，由於政府看準島民知識程度不夠，再加上戒嚴時期，用「一坪一塊錢」徵收，將島上的一百三十戶人家七百三十人遷村到頭城鎮大溪的仁澤新村，後來被軍方劃為管制區，漁民也不得隨意上岸。

島民在到仁澤新村之後，必須適應新的環境，原來的傳統宗教也因為不能登島祭祀，將原來生活的紐帶切斷。後來一九九四年文建會舉辦全國文藝季活動，在仁澤社區舉辦「歸來吧！龜山」的活動，近百艘的漁船結綵出港，接著迎神、歸島、繞島、登島、牽罟、放魚，讓島民重回故鄉，後來透過「歸鄉．龜鄉」尋根的活動，將龜山島昔日的文物，成立漁村文化館，讓地方居民參與，重新塑造彼此之間的集體記憶。

二〇〇〇年之後龜山島從軍事管制區轉型，開放遊客登島，至今已超過十萬人次登島參觀，現在的龜山島已經是知名的觀光景點。

龜山島因為地理位置的關係，一直是宜蘭人心中鄉愁，象徵回到宜蘭的存在，但從龜山島上的居民來說，是一種離鄉的回憶，在回鄉與離鄉中拉扯，自然歷史的龜山島本身是座年輕的火山，不同記憶的交錯，形塑了龜山島的獨特記憶脈絡。

龜山島。（圖片來源：Photo AC）

龜山島的另一面。（圖片來源：Photo AC）

人之島：蘭嶼

在台灣人的記憶裡，台東外海的蘭嶼鄉，被湛藍色的太平洋所包圍，面積僅有四十八點八平方公里，上面住著「雅美」族，靠海為生。在我長大的記憶過程裡，還有族人到總統府前抗議核廢料儲存在蘭嶼的事件。「雅美」（yami）就是「我們」的意思，由日治時代到蘭嶼調查的人類學家鳥居龍藏開始指稱。現在也有稱「達悟」（tao），意思是「人」。

蘭嶼目前人口約有五千人，達悟人占了九成，分布在六個部落：椰油、漁人、紅頭、朗島、東清和野銀。在文獻的記錄中，蘭嶼在清領時期，沒有被納入行政系統當中，他們擁有豐富的海洋知識和航海的記錄，他們在族群和語言上更靠近南邊菲律賓的伊巴丹（Ivantan）島嶼。黃叔璥的《台海使槎錄》中已有提及蘭嶼（文獻記載為紅頭嶼），但漢人對他們所知甚少。

日本政府在一八九五年開始統治台灣後，鳥居龍藏對當地原住民進行調查，日本人本來不干涉達悟人的生活，但一九〇三年由於有美國船隻擱淺，受難者還因為達悟人阻擋而導致死亡，日本人遂開始一系列的現代化計畫，並且衝擊到了雅美族的傳統社會。

蘭嶼居民對於自己的起源有兩種說法，一種是石生；一種是竹生，山中的巨石落入海，分裂成兩半之後，男神從裂石中走出，到山裡搖動巨竹，竹中又爆出另一位男神。兩位男神的左右膝蓋有一天生出了一男一女，兩神的子女結合為夫婦，發展出了雅美人的文化和社會。

達悟的社會組織相當特殊，沒有頭目的存在，不是單一的領袖，當發生需要處理的事情的時候，採取部落長老合議制。部落成員彼此之間都是平等的，財產屬於自然的神靈，由所有人共同管理。

第二次世界大戰之後，台灣省政府以蘭嶼盛產蝴蝶蘭，將紅頭嶼改為蘭嶼，中華民國政府在一九五二年的台灣省保安司令部，由於軍事上的需求，在蘭嶼成立蘭嶼指揮部。相較於日本的低度管轄，蘭嶼社會產生劇烈的變化。

國軍退除役官兵委員會在一九五九年設立「蘭嶼農場」，收購了蘭嶼的五分之一耕地，建立了十座農場，分別在蘭嶼的五個部落。雖然稱為農場，但卻是專門作為政治犯「管訓監禁」的農場，環島公路，還有蘭嶼機場的整建，都是重刑犯所興建的。近千名的重刑犯在蘭嶼，但對當時只有兩千五百人的蘭嶼社會產生很大的衝擊。

不過，也由於現代醫藥、教育和經濟制度開始進入蘭嶼，人口有顯著的成長，蘭嶼在民國五十六年解除山地管制，有較多的外來資源進入蘭嶼，也出現了旅館和商店，年輕人因為謀生的關係，也到台灣工作。

目前對於達悟人來說最重要的祭典，還是傳統的飛魚祭，隨著黑潮北上的飛魚在三到七月大量出現，族人準備好火把、漁網，出海捕魚。漁獲按照公平的精神分配，先求大家都溫飽之後，再看個人的能力分配。

一九七四年當時的行政院原子能委員會展開「蘭嶼計畫」，將核廢料地點選設在蘭嶼，由於在威權時代，蘭嶼居民沒有得到足夠的訊息，又無法反抗政府。後來在解嚴之後，原住民族運動的興起，族人們有了自覺，開始反對核廢料的儲存。核廢料象徵了台灣政府對於蘭嶼人的壓迫，也象徵了走向自覺的蘭嶼人為了自己的土地和生活，有了新的時代記憶。

關鍵詞

拼板舟

拼板舟之於達悟族人，是海上生計及儀式活動中相當重要的工具。船身運用島上多種木材製作的智慧，除了體現工藝技術的傳承外，和船有關的祭典儀式亦彰顯出族人象徵地位的社會意涵。落成下水禮是男子凝聚家庭與家族成員、擴展社會關係的方式之一；在飛魚季的招魚祭時，大船成為部落中家族合作的表徵。達悟族的大船是承載人和神的用具，是族人連結陸地與海洋的媒介，也代表著肯定生命、否定死亡的祭壇。而船的空間容納了飛魚、人和神的載體，在達悟家屋落成禮儀式的古謠中，家屋被隱喻為大船，由此可知拼板舟與達悟族整體文化息息相關。

地下屋

達悟人因應蘭嶼島上特殊的氣候及環境就地取材，築在低於地面一至兩公尺深的地穴，發展獨特的半地下屋建築，整體的透氣、排水設計良好，並能適應颱風等惡劣天候。台灣光復後，政府於民國五十五年在蘭嶼實施國宅計畫，拆除傳統家屋，以鋼筋水泥的國宅取代。六個部落中僅野銀、朗島兩區之國宅，建於村落附近另成社區。所以野銀、朗島地區的傳統建築，尚能保留。民國八十三年起的改建計畫，朗島舊聚落傳統家屋多改建成水泥房屋。較完整的傳統建築聚落，僅存野銀一處。

蘭嶼的拼板舟。（圖片來源：Photo AC）

蘭嶼燈塔。（圖片來源：Photo AC）

人與海洋的記憶：澎湖石滬群

澎湖群島由將近一百多個島嶼和岩礁組成，大航海時代葡萄牙人稱為Pescadores，指的是「漁人之島」。雖然澎湖的可耕地不多，但開拓時間很早，十三世紀的時候，元政府就在此地設置巡檢司，為最早設官治理的單位。

靠海的澎湖漁業為其主要的經濟產業，石滬是當地的先住民、移民與海洋互動產生的結果。明代末年就可以看到石滬漁業的發展，到清代有大量的移民遷移，石滬的發展更加蓬勃，其中發展得最好的就是吉貝。

吉貝位於白沙島北方，是澎湖群島最北端的有人島嶼，由於島上有較多的農地，居民半漁半農。一開始的石滬在十七世紀晚期，以西嶼為發源地，大概在十口左右，後來擴張到各島，十九世紀中期後石滬數多達兩百四十口。日本人統治台灣之後，石滬的口數仍然增加，到一九一七年已經超過三百口。

一開始的石滬只用簡單工具堆砌而成，到了日治時代以後，由於工具的進步，構造也得到改良，吉貝的石滬最多的時候有七十口，超過澎湖群島的五分之一。吉貝的漁業興盛主要靠的就是石滬，一九三五年以後發展出很多漁具，也開始有動力船，但石滬仍然是收穫量最大的捕魚方式，直到一九七〇年之後，動力漁船的漁獲量才超過石滬。

隨著石滬的沒落，現在大部分已經棄置，但仍然看得到石堤。以往石滬是澎湖潮間帶最重要的捕魚設施，秋、冬季強烈的東北季風，讓漁民無法出海捕魚，石滬仍然能在此時有穩定的漁獲，讓居民有穩定的經濟來源。

澎湖由於地理上的特性，地質屬於玄武岩的地形，群島周圍都有角度較小的海蝕平台，面積廣大的潮間帶，加上每年有半年的東北季風，風浪相當高，但石滬當中風平浪靜，迴游生物到沿岸來避風與覓食，讓石滬有著豐富的漁獲。

修築石滬需要質地堅硬和重量較重的岩石，本來造型簡單的石滬，隨著捕魚技術的改良，漁民才能到較深的水域捕魚。堆砌石滬相當的費工，澎湖雖然盛產岩石，但要挖採石材，則需要耗費人工。

修造石滬需要有技術熟練的師傅，石滬的堤防不像一般的堤防是用來防水的，而是需要石滬的堤內和堤外能保持海水的交流，但又不能讓魚跑出去，才有好的集魚功能。由於每個海岸的地勢和水流不同，需要因地制宜，無法規範，需要經驗才能修建出具有實際功用的石滬，從位置、造型、開口和構造，還有寬窄和高低都與集魚的功能相關。

堆砌石滬是澎湖移民和先住民們為了適應環境而發展出的技術，從做中學，一開始大家都是生手，需要用心學習，累積經驗，在不斷摸索中才會成為技術熟練的師傅。而且石滬不是一年四季都可以建造，秋冬兩季東北季風太強、水溫太低無法工作，一口石滬有時要花上好幾年才能完成。

除此之外，建造石滬需要很多人的勞動力，一開始要先找到股東，擬定合約，然後再分段建造，建好之後的捕魚權則用抽籤的方式，吉貝的人每年七月底重新抽籤。

石滬是人與環境合作的文化遺產，澎湖縣政府在二〇〇八年將「吉貝石滬群」登錄為文化景觀。二〇〇九年中華民國政府文化建設委員會則將「澎湖石滬群」公告為台灣十八項世界遺產潛力點之一，希望透過政府的推動，將數百年澎湖的文化記憶保存下來。

澎湖群島。（圖片來源：Photo AC）

澎湖著名的雙心石滬。（圖片來源：Photo AC）

遙遠的離島、戰地的記憶：馬祖戰地文化

由大大小小島嶼組成的馬祖列島，北從東引鄉北岸，南到莒光鄉的南岸，由三十六座小島組成，屬於福建省連江縣，馬祖離基隆兩百公里，是台灣管轄最北邊的島嶼，相當靠近中國，與大陸的距離最近只有五點九公里。南竿島是馬祖的行政中心，東引是中華民國統治的最北端。

馬祖的開發很早，位於閩江口，從元朝開始就有漁民在此捕魚，並且定居。馬祖的得名和台灣民間信仰很盛行的媽祖有關，據傳在宋朝的時候，福建莆田湄洲島的林默娘，父親出海捕魚，每晚都會在海邊燃薪，為魚船導航，有天父親出海捕魚罹難，林默娘也跳海尋父，最後也罹難，背著父親漂流的屍體在南竿島被尋獲，將列島取名為「馬祖」，以避諱。

馬祖長期屬於福建省，但因為二次戰後，中華民國政府來台，與中華人民共和國仍然處於戰爭狀態，在一九五六年馬祖進入了長期的戰地政務與軍事管制，福建省政府應國防部之請求，將金門、馬祖列島地區劃為戰地政務實驗區，一直到一九九二年，都是由軍事來領導政務，所以馬祖列島到處可以看到軍事建築，像是地下坑道，在南竿的「北海坑道」、北竿

的「午沙坑道」，還有東引島的「安東坑道」，規模都相當龐大。以坑道來說，北海坑道的水道高十八公尺，寬十公尺，當初是為了讓打游擊戰的船隻停泊，開鑿了很多「地下碼頭」，工程難度十分複雜，除了用炸藥，還靠人力慢慢在花崗岩斧鑿出來。

馬祖雖然長期處於戰地體制，但不像同為戰地的金門，受到砲火嚴重的侵襲，所以很多以往留下來的建築沒有受到破壞，只有到當地才可以看到的「閩東建築」，雖然源起於福建，但只在馬祖才看得到完整的聚落。

「芹壁村」是保留得很好的聚落，北竿的芹壁村在北竿島的芹山和壁山之間，所以稱為「芹壁」，面臨港灣的芹壁順著山勢而建，層次分明，居民按照當地的花崗岩堆砌起的聚落，型式上大多是獨棟雙層，方方正正，有如一顆印章，也有「一顆印式」建築的稱號，屋頂以紅或黑瓦覆蓋，用石頭壓住屋瓦，主要是怕強烈的北風刮走屋瓦。近幾年來，開放觀光，靠著港灣的聚落，很有地中海的風情，所以馬祖國家風景區也積極的推動觀光。

由於馬祖的地勢多山，土壤貧瘠，不大適合農作，但周邊有豐富的魚類資源，另外馬祖人也靠釀酒來增加收入，南竿酒廠出產的馬祖老酒和陳年高粱是馬祖地區營收最多的公營事業。

對於馬祖人來說，長期處於戰地的恐懼，在台灣海峽的最前線守衛著台灣，以往處於軍事統治，長期被軍事動員，無法過著自由的生活。而且馬祖長期屬於台灣的統治，卻隸屬於福建省，夾雜在兩岸之間，也讓馬祖人有著特殊的認同。

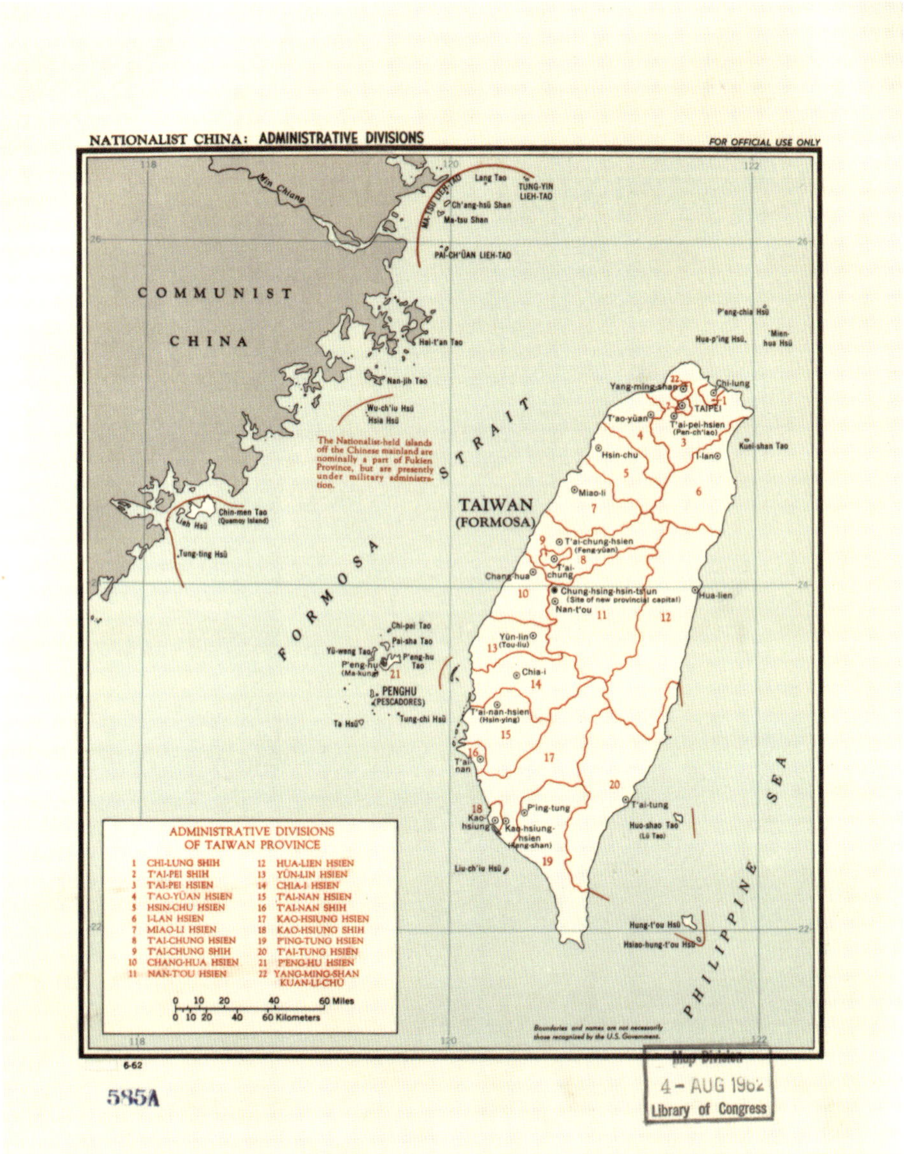

1962 年，美國國會圖書館所繪製的台灣地圖。（圖片來源：維基共享資源）

1864年，包括馬祖群島在內的福建省歷史地圖。（圖片來源：維基共享資源）

馬祖南竿一景。（圖片來源：Photo AC）

讀者的台灣記憶

九十九個關於台灣的人、事、地、物，讓我們能有脈絡地記憶台灣，但記憶會不斷被創造與更新，需要我們去填補、去探索，在漫長且無限延伸的時光，你又會怎麼記憶台灣呢？

參考書目

專書

1. 三尾裕子（著），李季樺、李道道、黃淑芬（譯），《王爺信仰的歷史民族誌》，台北：中央研究院民族學研究所，二〇一八。
2. 中央研究院台灣史研究所、經濟部水利署北區水資源局，《石門水庫歷史檔案中的人與事》，台北：中央研究院台灣史研究所，二〇二三。
3. 王明珂，《華夏邊緣：歷史記憶與族群認同》，台北：允晨文化，一九九七。
4. 王嵩山，《臺灣原住民的社會與文化》，台北：聯經出版，二〇〇一。
5. 王崧興，《龜山島：漢人漁村之研究》，台北：中央研究院民族學研究所，一九六七。
6. 平野久美子，《臺灣的世界遺產潛力點》，台北：聯經出版，二〇二二。
7. 石文誠編，《看得見的臺灣史：人間篇》，台北：聯經出版，二〇二三。
8. 李文良，《成為台灣客家人》，台北：國立台灣大學出版中心，二〇一九。

9. 林美容，《媽祖信仰與臺灣社會》，台北：博揚文化，二〇〇六。
10. 林文鎮編，《澎湖的石滬文化：以吉貝嶼為主的研究》，澎湖：澎湖采風文化學會，二〇〇三。
11. 林蘭芳，《工業化的推手：日治時期的台灣電力化事業》，台北：國立政治大學歷史學系，二〇一一。
12. 蘇峯楠編，《看得見的臺灣史：空間篇》，台北：聯經出版，二〇二二。
13. 宜蘭縣政府文化局，《蒸氣機裡的造紙人：中興百年史》，宜蘭：宜蘭縣政府文化局，二〇二〇。
14. 曹銘宗，《艾爾摩莎的瑪利亞》，台北：時報出版，二〇二一。
15. 徐雨村編，《族群遷徙與宗教轉化：福德正神與大伯公的跨國研究》，新竹：國立清華大學人文社會學院，二〇一二。
16. 胡川安編，《故事臺灣史：10個翻轉臺灣的關鍵時刻》，台北：親子天下，二〇一九。
17. 胡川安編，《故事臺灣史：22個改變臺灣的關鍵人物》，台北：親子天下，二〇一九。
18. 胡川安編，《故事臺灣史：20個奠基臺灣的關鍵地點》，台北：親子天下，二〇二〇。
19. 胡川安編，《故事臺灣史：22個代表臺灣的關鍵事物》，台北：親子天下，二〇二〇。
20. 倪進誠，《台灣的離島》，台北：遠足文化，二〇〇三。
21. 莊永明，《台灣鳥瞰圖：一九三〇年代台灣地誌繪集》，台北：遠流出版，二〇一三。
22. 鈴木會可，《黃土水與他的時代：臺灣雕塑的青春，臺灣美術的黎明》，台北：遠足文化，二〇二三。
23. 陳龍廷，《臺灣布袋戲發展史》，台北：前衛出版社，二〇〇七。
24. 陳志豪，《草山紅：陽明山國家公園的茶業發展史，一八三〇—一九九〇》，台北：陽明山國家公園管理處、衛城出版社、遠足文化。
25. 陳怡宏編，《看得見的臺灣史：時間篇》，台北：聯經出版，二〇二三。
26. 戴寶村，《臺灣的海洋歷史與文化》，台北，玉山社，二〇一一。
27. 張素玢，《濁水溪三百年：歷史．社會．環境》，台北：衛城出版社，二〇一四。
28. 台灣民間真相與和解委員會，《記憶與遺忘的鬥爭：臺灣轉型正義階段報告》，台北：遠足文化，二〇一六。
29. 賴玉玲，《褒忠義民爺信仰》，新竹：新竹市文化局，二〇〇五。
30. 劉益昌，《臺灣史前文化專論》，台北：聯經出版，二〇一六。
31. 謝仕淵，《「國球」誕生前記》，台南：國立台灣歷史博物館，二〇一二。

文章

1. 王文隆，〈臺灣中學地理教科書的祖國想像（一九四九—一九九九）〉，《國史館學術集刊》十七（二〇〇八），頁二〇一—二五一。
2. 王明堂、游萬來、謝莉莉，〈台灣電氣化炊飯器造型及功能的發展研究〉，《設計學報》

十三（三），頁一一二一。

3. 王乾任，〈淺談戰後台灣書店演變史一九四九—二〇一八〉，《臺灣出版與閱讀》七（一〇八：七），頁三四—三八。

4. 何宏，〈粽子起源考〉，《中華飲食文化基金會會訊》十六：二（二〇一〇），頁四一—五三。

5. 巴蘇亞·博伊哲努（浦忠成），〈祖源聖山（一）：鄒族與布農族的玉山神化〉，《臺灣學通訊》四二（二〇一六），頁六—七。

6. 林春美、陳婉平，〈藍地黃虎旗？旗幟，真實性與認同〉，《臺灣博物館季刊》三一（四），頁二〇—二三。

7. 林蕙安，〈生活中的黨國：從「唱國歌」看愛國身體規訓與臺灣的民主化〉，《國史館館刊》七五（二〇〇三），頁一一四四。

8. 林文源，〈「記疫」：朝向公共化的在地認識論〉，《思想》四四（二〇二二），頁一五五—一六〇。

9. 林美容，〈土地公廟—聚落的指標：以草屯鎮為例〉，《臺灣風物》三七（一），頁五三—八一。

10. 林茂賢，〈悲天憫人中元祭：走訪臺灣各地特色普渡〉，《傳藝雙月刊》一〇六（二〇一三），頁二八—三七。

11. 李明儒、陳昭淵，〈澎湖石滬申請世界遺產的推動策略與行動評析〉，《二〇二三年全國大選後府際治理國際學術研討會》，頁一—一六。

12. 李筱峰，〈兩蔣威權統治時期「愛國歌曲」內容析論〉，《文史台灣學報》一（二〇〇九），頁一二〇—一六二。

13. 施如芳，〈歌仔戲電影所由產生的社會歷史〉，《新聞學研究》五九（一九九九），頁二三—四〇。

14. 阮斐娜，〈西川滿和《臺灣文藝》：東方主義的視線〉，《中國文哲研究通訊》十一：一（二〇〇一），頁一三五—一四五。

15. 阮昌銳，〈中元普渡習俗及其意義與特色〉，《傳藝雙月刊》一〇六（二〇一三），頁六—一七。

16. 阮昌銳，〈中元普渡習俗及其意義與特色〉，《傳藝》一〇六（二〇一三），頁六—一七。

17. 江柏煒，〈和平與和解：金門與馬祖戰地歷史及文化景觀保存的核心價值〉，《文化資產保存學刊》四五（二〇一八），頁七九—一一七。

18. 方嵐亭，〈解嚴三十年，看言論自由今昔〉，《新使者》（二〇一七），頁一二—一五。

19. 周至仁，〈詩情與畫意：郭雪湖《南街殷賑》觀後〉，《東海大學圖書館館刊》六〇（二〇二一），頁三五—六九。

20. 周俊宇，〈光輝雙十的歷史：中華民國國慶日近百年的歷史變貌〉，《國史館館刊》三〇（二〇一一），頁四—五二。

21. 胡金印，〈都市河岸觀光景觀之形塑：以高雄市愛河為例〉，《高雄文獻》（二〇一二），頁八一—一二三。

22. 蔡沛霖，〈漫畫文物保存與國家漫畫博物館籌備初期過程之初探〉，《博物館與文化》二五（二〇二三），頁四三—六八。

23. 蔡蕙頻，〈從「草山」到「陽明山」：一個地景文化意涵的演變歷程〉，《白沙歷史地理學報》八（二〇〇九），頁一二七—一五二。

24. 蔡思薇，〈臺灣民主國之旗：一面國旗的身世與故事〉，《臺灣博物館季刊》三一（四），頁四〇—四三。

25. 郭玉敏，〈物、靈與遺產建構：從排灣望嘉雙面祖先像石雕柱談起〉，《博物館與文化》二一（二〇二一），頁八一—一〇〇。

26. 楊玉姿，〈一九四一年的高雄驛歷史紀要〉，《高雄文獻》十一：二（二〇二一），頁一六八—一八四。

27. 楊凱成，〈鹽業文化資產觀光下的記憶製作〉，《博物館學季刊》，二五（三），頁五—四一。

28. 葉韻翠，〈建構記憶之地：中正紀念堂領袖紀念館中的國族地方感〉，《博物館學刊》三四（一），頁四五—六四。

29. 陳鴻圖，〈從陂塘到大圳：桃園臺地的水利變遷〉，《東華人文學報》五（二〇〇三），頁一八三—二〇八。

30. 陳峻誌，〈中秋為什麼烤肉？一個傳統節慶轉換現代風貌的考察〉，《興大人文學報》四

○（二○一六），頁一五七—一八六。

31. 陳品嘉，〈空白島嶼的多重想像：龜山島的空間生產與論證〉，《中華民國地理學會會刊》七一，頁一—二○。

32. 蔣雅君、葉錡欣，〈「中國正統」的建構與解離：故宮博物院之空間表徵研究〉，《國立台灣大學建築與城鄉研究所學報》二一（二○一五），頁三九—六八。

33. 曹欽榮，〈臺灣民主運動之後綠島監獄紀念園區的挑戰〉，《博物館與文化》二○（二○二○），頁五七—八二。

34. 俞美霞，〈端午之源起與歲時飲食〉，《人文集刊》一（二○○三），頁一—一八。

35. 溫宗翰，〈名間鄉受天宮玄天上帝香期形成探究：兼談民間信仰文化資產權的發展省思〉，《臺灣宗教研究》十四：一（二○一五），頁九三—一一九。

36. 溫宗翰，〈家將傳承的身心靈〉，《鄉間小路》四四：一二（二○一八），頁七六—七七。

37. 鄭永祥，〈阿里山森林鐵路之過去、現在與未來〉，《檔案半年刊》十：二（二○一一），頁二八—三七。

38. 清水美里，〈殖民地統治下水利自治的可能性和限制—以嘉南大圳組合為例（一九二○—一九四三）〉，《白沙歷史地理學報》一九（二○一八），頁六三—八三。

39. 謝明勳，〈高雄車站帝冠式建築遷移保存紀實〉《高雄文獻》十一：二（二○二一），頁一五○—一六七。

40. 凌韞筑、李芝璇，〈再見蔣公：論臺灣社會對蔣介石觀點之轉變〉，《新北大史學》一八

（二〇一五），頁三九—五五。
41. 梁斐文，〈宗教行營利組織行銷策略研究：以慈濟功德會為例〉，《社區發展季刊》一一二（二〇〇五），頁二〇六—二一五。
42. 邱毓斌，〈另一種轉型正義：樂生療養院保存運動〉，《思想》六（二〇〇七），頁一—一八。
43. 殷寶寧，〈一座博物館的誕生？文化治理與古蹟保存中的淡水紅毛城〉，《國立自然科學博物館》二七（二），頁五—二九。
44. 張珣，〈海洋台灣的民俗信仰傳統：以媽祖與王爺為例〉，《臺北城市科技大學通識學報》四（二〇一五），頁七五—八四。
45. 洪連成，〈台灣機車產業發展與未來〉，《生活科技教育月刊》四三：三（二〇一〇），頁二四—三四。
46. 許楓靈，〈便利，無所不在〉，《便利商店業之現況與未來》三二：二（二〇一九），頁一二一—一二九。
47. 顏綠芬，〈論歌仔戲從民歌、說唱至戲曲音樂的蛻變〉，《音樂臺灣：百年論文集》，台北：白鷺鷥文教基金會，一九九七。

碩博士論文

1. 王紹傑，〈臺灣日治時期公會堂建築研究〉，台北：國立台北藝術大學建築與文化資產研究所碩士論文，二〇一六。
2. 王志宇，〈中秋烤肉：論戰後中秋節俗活動的變遷〉，《興大人文學報》五二（二〇一四），頁九三—一一〇。
3. 朱瑪瓏，〈近代颱風知識的轉變：以臺灣為中心的探討〉，台北：國立台灣大學歷史研究所論文，二〇〇〇。
4. 李孟倫，〈東谷沙飛：一個布農族部落「望鄉」的想像與實踐〉，南投：國立暨南大學人類學研究所碩士論文，二〇二二。
5. 李素馨，〈島嶼觀光地景中的異國想像〉，《島嶼觀光地景中的異國想像：馬祖芹壁個案研究》，台北：國立臺灣師範大學，二〇二二。
6. 湯仁方，〈內門總舖師傳承與文化延續〉，高雄：義守大學管理學院管理碩士在職專班，二〇一六。
7. 陳奕彤，〈戰後臺灣春節風俗變遷之研究：以聯合報、經濟日報報導為探討中心（一九五一—二〇一九）〉，台北：國立台灣師範大學社會教育學系碩士論文，二〇二〇。
8. 郭昱麟，〈中興新村空間治理：結構與能動的對話〉，台北：國立台灣師範大學碩士論文，二〇一七。

9. 羅慧芬，〈日治時旗鳥瞰圖之研究：從日本繪師之眼見臺灣〉，屏東：國立屏東教育大學視覺藝術學系碩士論文，二〇一一。

國家圖書館出版品預行編目資料

記憶台灣. 2, 從國族政治、人文地景,見證成就台灣歷史的每一步 / 胡川安作. -- 初版. -- 臺北市 : 麥田出版, 城邦文化事業股份有限公司出版 : 英屬蓋曼群島商家庭傳媒股份有限公司城邦分公司發行, 2025.05
面； 公分. --（麥田人文；41）
ISBN 978-626-310-872-1（平裝）
1. CST: 臺灣文化 2.CST: 臺灣史
733.4 114003508

麥田人文41

記憶台灣 2：
從國族政治、人文地景，見證成就台灣歷史的每一步

作者 胡川安
責任編輯 陳佩吟 于子晴
校對 杜秀卿
版權 吳玲緯 楊 靜
行銷 闕志勳 吳宇軒 余一霞
業務 李再星 李振東 陳美燕
副總編輯 林秀梅
總經理 巫維珍
編輯總監 劉麗真
事業群總經理 謝至平
發行人 何飛鵬
出版 麥田出版
城邦文化事業股份有限公司
台北市南港區昆陽街16號4樓
電話：886-2-25007696 傳真：886-2-2500-1951
發行 英屬蓋曼群島商家庭傳媒股份有限公司城邦分公司
台北市南港區昆陽街16號8樓
客服專線：02-25007718；25007719
24小時傳真專線：02-25001990；25001991
服務時間：週一至週五上午09:30-12:00；下午13:30-17:00
劃撥帳號：19863813 戶名：書虫股份有限公司
讀者服務信箱：service@readingclub.com.tw
城邦網址 http://www.cite.com.tw
麥田部落格：http://ryefield.pixnet.net/blog
麥田出版Facebook：https://www.facebook.com/RyeField.Cite/
香港發行所 城邦（香港）出版集團有限公司
香港九龍九龍城土瓜灣道86號順聯工業大廈6樓A室
電話：852-25086231 傳真：852-25789337
電子信箱：hkcite@biznetvigator.com
馬新發行所 城邦（馬新）出版集團
Cite（M）Sdn. Bhd.（458372U）
41, Jalan Radin Anum, Bandar Baru Seri Petaling,
57000 Kuala Lumpur, Malaysia.
電話：+6（03）-90563833 傳真：+6（03）-90576622
電子信箱：services@cite.my
封面設計 朱 疋
電腦排版 宸遠彩藝工作室
印刷 沐春行銷創意有限公司
初版一刷 2025年5月

定價／550元
ISBN：978-626-310-872-1
9786263108738（EPUB）